总主编　胡云腾
学术总顾问　高铭暄

北京师范大学刑事法律科学研究院
外国刑法典译丛

挪威刑法典

LOV OM STRAFF (STRAFFELOVEN)

商浩文◎译

法律出版社
LAW PRESS · CHINA
北京

图书在版编目(CIP)数据

挪威刑法典 / 商浩文译. -- 北京 : 法律出版社，
2024
(北京师范大学刑事法律科学研究院外国刑法典译丛)
ISBN 978 - 7 - 5197 - 8737 - 0

Ⅰ. ①挪… Ⅱ. ①商… Ⅲ. ①刑法－法典－挪威
Ⅳ. ①D953.34

中国国家版本馆 CIP 数据核字(2024)第 023076 号

挪威刑法典
NUOWEI XINGFADIAN

商浩文 译

策划编辑 朱 峰
责任编辑 金 姗
装帧设计 臧晓飞

出版发行 法律出版社
编辑统筹 辞书·融出版编辑部
责任校对 晁明慧
责任印制 吕亚莉
经　　销 新华书店

开本 710 毫米×1000 毫米 1/16
印张 9.5 **字数** 142 千
版本 2024 年 3 月第 1 版
印次 2024 年 3 月第 1 次印刷
印刷 北京建宏印刷有限公司

地址:北京市丰台区莲花池西里 7 号(100073)
网址:www.lawpress.com.cn
投稿邮箱:info@lawpress.com.cn
举报盗版邮箱:jbwq@lawpress.com.cn

销售电话:010 - 83938349
客服电话:010 - 83938350
咨询电话:010 - 63939796

书号:ISBN 978 - 7 - 5197 - 8737 - 0 **定价**:39.00 元
凡购买本社图书,如有印装错误,我社负责退换。电话:010 - 83938349

总　　序

刑法是惩罚犯罪与保障人权的重器，刑法典是法律体系中的大典。当今世界，各国无不重视制定和修订刑法，不仅实行成文法传统的大陆法系国家均制定了刑法典并不断加以修订，如德国、法国和日本等，而且实行案例法传统的英美法系国家也制定了单行的刑法或者统一的刑法典，前者如英国、美国，后者如印度、新加坡等。用刑法典或者成文刑法维护国家安全和根本利益，保障公民人身和财产权利，保护经济发展和社会稳定，已经成为各国通行的做法和全球化趋势。

新中国成立以来，党和国家高度重视刑事立法。新中国成立之初，中央人民政府就制定了《中华人民共和国惩治反革命条例》《妨害国家货币治罪暂行条例》《中华人民共和国惩治贪污条例》等单行法律，为惩治相关犯罪提供了明确依据。改革开放以后，全国人民代表大会在 1979 年颁布的 7 部重要法律中，就有《中华人民共和国刑法》，这是新中国制定的第一部具有刑法典性质的刑法。此后，为适应严厉打击刑事犯罪的需要，全国人大常委会相继制定了 20 多部单行刑法，并在一些行政和民商事法律中附带规定了刑法的内容。1997 年，全国人民代表大会出于统一刑事立法的考虑，通过系统整合 1979 年刑法、单行刑法和附属刑法规范，全面修订了《中华人民共和国刑法》，这实际上是一部名称上没有加“典”字的刑法典，首次实现了刑法体系的科学化和系统化。

1997 年刑法实施以后，刑法的修改一直采取修正案的形式，全国人大常委会现已出台了11个刑法修正案[①],在不打乱1997年刑法体系的基础上,增加、修改和完善了刑法的大量内容。与此同时,国家立法机关还制定了《中华人民共和国反有组织犯罪法》《中华人民共和国反电信网络诈骗法》等含有诉讼程序、工作机制和刑法规范的综合性刑事法律,开创了刑事立法的新模式。

需要指出的是,我国在制定和修改刑法的各个时期中,学术界和立法机关都注意研究、借鉴域外的刑事立法规范和经验。改革开放40多年来的立法实践证明,这种坚持"以我为主、为我所用"的做法是实现我国刑事立法不断与时俱进,促进刑法体系现代化的有益举措。进入新时代,为了贯彻习近平总书记2020年11月在中央全面依法治国工作会议上提出的"坚持统筹推进国内法治和涉外法治"的要求,贯彻落实党的二十大报告关于"统筹推进国内法治和涉外法治"和"以中国式现代化全面推进中华民族伟大复兴"的重大部署,我们更要注重研究借鉴域外法治经验。统筹推进国内法治和涉外法治,实现中国式现代化,其中重要的内容就是法治的现代化,而法治现代化建设需要国际视野,法治现代化的重要特征是法治国际化。故翻译其他国家刑法(典),博采众长为我所用、与我互动,是完善我国刑法、推进刑事法治现代化的必要条件,也是统筹推进国内法治和涉外法治的有力举措。正是出于贯彻落实党中央和习近平总书记统筹推进国内法治和涉外法治的要求,全面、系统地了解、研究、借鉴相关国家刑事立法的最新发展,北京师范大学刑事法律科学研究院与法律出版社密切合作,决定组织翻译、出版一批外国刑法(典)。

回顾历史,在中华法系从自成一体到开放兼收的转变历程中,翻译外国法律(典)的工程功不可没。经查询北京师范大学图书馆、首都图书馆及国家图书馆有关资料,我国翻译、出版代表性国家刑法(典)的活动肇始于清末修法运动,自1903年出版邱起霖笔述《印度刑律二卷》到2023年,约有138部刑法(典)译作在国内出版。总体上讲,我国翻译和引介外国刑法(典)的历史大致划分为四个时期。

第一个时期是清末民初时期。清政府决定变法修律后,先于1904年设立

---

① 本文写于2023年3月,当时《中华人民共和国刑法修正案(十二)》尚未出台。——编者注

了修订法律馆，后于1905年设立了考察政治馆。在考察西方国家主要是大陆法系国家法律的基础上，作出了变法要效法日本法律制度的抉择。之所以如此，正如时任清廷修律大臣沈家本所言：日本旧时制度，唐法为多。明治以后，采用欧法，不数十年，遂为强国，是岂徒慕欧法之形式而能若是哉？其君臣上下，同心同德，发愤为雄，不惜财力以编译西人之书，以研究西人之学，弃去糟粕而撷其英华，举全国之精神，胥贯注于法律之内，故国势日张，非偶然也。[①] 故在1904年与1905年出版的10部刑法（典）译作中，日本不同版本的刑法占了7部；至1911年辛亥革命前夕，以单行本、法规大全等形式出版的37部刑法（典）译作中，有关日本刑法的有17部。

第二个时期是辛亥革命胜利至新中国成立时期。辛亥革命虽然推翻了清王朝，但是清末修法的影响得以延续，尤其是在刑法方面，民国政府决定：晚清政府仿效大陆法系国家刑法制定并于1911年正式公布的"《大清新刑律》除与民国国体抵触各条应失效力外，余均暂行援用"，故而更名为《中华民国暂行新刑律》。之后，又聘请日本学者参与并参照欧陆日本刑事立法，尤其是德国、日本刑法，相继制定了2部《中华民国刑法》。与此同时，在革命根据地，苏联法律发挥了重要影响。[②] 这一时期翻译出版的7部刑法（典）译作中，2部为德国刑法、3部为苏联刑法。

第三个时期是新中国成立至改革开放时期。新中国成立之后，苏联立法成为新中国借鉴的立法样本，正如日本学者铃木贤所言："对于极其缺乏对西方法律研究积累的当时的中国而言，苏联法成为唯一的参考对象。"[③]因此，在1949年至1979年翻译出版的9部刑法（典）译作中，有3部是苏联刑法；其余除1957年法律出版社出版的《印度刑法典》外，都为前苏联国家的刑法。需要指出的是，受国内形势影响，自1962年至1979年，并无外国刑法（典）译作

---

① 参见沈家本：《新译法规大全序》，载沈家本撰：《历代刑法考》（四），邓经元、骈宇骞点校，中华书局1985年版，第2242页。

② 参见范忠信、叶峰：《中国法律近代化与大陆法系的影响》，载《河南省政法管理干部学院学报》2003年第1期。

③ 王志华：《苏联法影响中国法的几点思考》，载《华东政法大学学报》2008年第1期。

出版。

第四个时期是改革开放至新时代时期。这一时期又可分为两个阶段。第一个阶段是20世纪80年代到90年代。在这段时期,虽然更多国家的刑法(典)被翻译进来,而且出现了英美法系国家的刑法(典)译本,但主要还是以大陆法系国家刑法的译本为主。据不完全统计,自1980年至2000年翻译出版的14部刑法(典)译作中,绝大多数为德国、日本、韩国等属于大陆法系国家或地区的刑法,英美法系国家的刑法仅有1998年四川大学出版社出版的《印度刑法典》与1999年中国政法大学出版社出版的《加拿大刑事法典》。第二阶段为2000年之后。在这一阶段,随着改革开放的深入与法治进程的推进,刑法(典)翻译真正实现了百花齐放。截至2020年出版的近70部刑法(典)译作中,几乎囊括了各大法系、各大陆主要国家的刑法。

近10年来,许多国家因应新的社会治理要求,频繁修改刑事立法。例如,德国从1998年起对其刑法进行了100余次修订,仅在2021年就修订了8次,对有关互联网犯罪、强迫卖淫罪以及儿童性犯罪的条款进行了大幅修订。自2011年以来,日本也10余次修订刑法,增设了部分缓刑制度,大幅修订性犯罪立法,并对照民法等前置法的修订,调整了相关刑法条文。我国进入21世纪以来,为适应经济社会发展变化和预防惩治犯罪的新情况和新需要,不断修改完善刑事法律。尤其是2013年9月和10月,习近平总书记分别提出了建设"丝绸之路经济带"和"21世纪海上丝绸之路"的合作倡议。截至2023年1月6日,中国已经与151个国家和32个国际组织,签署了200余份共建"一带一路"合作文件。① 中国企业"走出去"面临诸多法律风险,尤其是在企业刑事合规成为全球浪潮以来,如何应对有些国家借"长臂管辖"和企业刑事合规之名,对我国企业进行打压,规避可能发生的刑事法律风险,已经成为中国企业走出国门、保护自身合法权益必须重视的问题。

鉴于此,北京师范大学刑事法律科学研究院充分发挥本院的专业化和国际

---

① 参见中国一带一路网,https://www.yidaiyilu.gov.cn/xwzx/roll/77298.htm,2023年2月10日访问。

化优势，法律出版社充分发挥多语种出版优势，共同设立“外国刑法典译丛”项目，全面系统翻译各主要国家的刑法（典）。首批遴选德国、日本、英国、美国等两大法系代表性国家，新加坡、哈萨克斯坦、俄罗斯等“一带一路”国家以及希腊、墨西哥、芬兰等经济合作与发展组织（OECD）国家的40余部最新刑法（典），组织精通英语、法语、德语、日语、俄语等语种的专业人士分批翻译出版。本译丛编审委员会由国内著名刑法学专家组成，特邀请人民教育家、国际刑法学协会名誉副主席暨中国分会名誉主席、中国刑法学研究会名誉会长、中国人民大学荣誉一级教授高铭暄先生担任译丛学术总顾问，最高人民法院大法官、中国法学会案例法学研究会会长胡云腾教授担任总主编，北京师范大学刑事法律科学研究院副院长兼安徽师范大学法学院院长周振杰教授与法律出版社副总编辑张雪纯先生担任编辑委员会主任。希望“外国刑法典译丛”能成为广大读者学习、研究、借鉴域外刑事法律的重要帮手，进而成为推动中国涉外刑事法治建设的外法资源。当然，由于经验不足，水平有限，书中定有不足不妥之处，尚请各位同人批评指正。

编辑委员会

2023年3月2日

导　读

挪威现行刑法典由2005年颁布（2015年生效）的刑法典及其随后的多次修订法案组成。这是自1814年挪威《宪法》颁行以来的第三部刑法典，前两次分别为1842年颁布的刑法典、1902年颁布的刑法典。作为北欧国家刑事立法之典范的《挪威刑法典》，国内学界较少给予关注，但该刑法典在欧洲尤其是北欧具有重要影响。

一、挪威概况

挪威王国（挪威语：Kongeriket Norge 或 Kongeriket Noreg），简称挪威，首都奥斯陆，位于北欧斯堪的纳维亚半岛西部，东邻瑞典，东北与芬兰和俄罗斯接壤，南同丹麦隔海相望，西濒挪威海。9世纪，挪威形成统一王国。挪威是高度发达的现代化工业国家。

挪威现行宪法于1814年5月17日通过，后经多次修订。挪威《宪法》规定实行君主立宪制。国王为国家元首兼武装部队统帅，并提名首相人选，但无权解散议会。挪威议会为国家最高立法机关，拥有立法权、财政监督权和行政监督权。此外，挪威还有萨米议会，该机构是少数民族萨米族人的独立民选机构，负责管理所有与萨米人有关的事务，同时也是政府的顾问机构。挪威法院独立行使职能，划分为最高法院、上诉法院和地区法院三个层级。此外，还设有专门受理劳资纠纷、社会保障、土地认证等案件的法院。最高法院设1名首席大法官（院长）和19名大法官。挪威检察系统分三级，包括检察长办公室、地方级检察机构和警察检察机构，地方级检察机构除经济和环境犯罪国家检察机构、有组织和重大犯罪国家检察机构外，还设有10个地区检察院。

二、挪威刑法立法的发展

在刑法立法方面,挪威历史上有三部刑法典:第一部刑法典是1842年颁布的刑法典,这是1814年挪威《宪法》颁行以来的第一部刑法典;第二部刑法典是1902年颁布的刑法典;第三部刑法典(现行有效)是2005年颁布的刑法典(2015年10月1日生效)。

(一)1842年刑法典

挪威现代刑事立法法典化运动肇始于1814年的挪威《宪法》。[①] 1814年5月17日,挪威通过了新宪法。新宪法奠定了议会民主和君主立宪的国家政治形式,并在不少条文中体现了现代刑事法治的基本精神和原则,如《宪法》第二十条规定:"国王在内阁会议上有权对已判决的犯罪人实行赦免,犯罪人可以在接受国王赦免或甘愿服刑之间作出选择。"第九十六条规定:"除非刑事成文法之规定,对任何人不得宣告有罪和处以刑罚。"第九十九条规定:"除因刑事案件外,不准搜查私宅。"1832年至1835年,挪威刑法典草案及其解说面世,1839年国会通过了该刑法典草案,1842年8月20日,挪威历史上第一部系统完备的刑法典获得国王批准并开始施行。[②]

1842年刑法典是一部传统刑法。它受到欧洲大陆刑法的影响较大。该部刑法典主要以《汉诺威刑法》为蓝本,有着较深的《法国刑法典》的烙印。1842年刑法典的内容仅限于传统罪行,并试图以非常精确的方式描述这些罪行。[③]

(二)1902年刑法典

随着时代的发展,1842年刑法典已无法适应社会经济的发展。1902年,挪威颁布了新的刑法典,取代了1842年刑法典。1902年刑法典包括三编:第一编为总则,第二编和第三编分别为分则的重罪和轻罪,共有436个条文,但其中已有近40个过时的条文被适时废止。从整体上看,1902年刑法典详略得当,

---

① 2014年,1814年挪威《宪法》在其颁行200周年时进行了修订。其中一个重要变化是纳入了许多与《欧洲人权公约》中的个人权利相关的规定。

② 参见《挪威一般公民刑法典》,马松建译,北京大学出版社2005年版,译者序。

③ See Jorn Jacobsen & Vilde Hallgren Sandvik, *An Outline of the New Norwegian Criminal Code*, Bergen Journal of Criminal Law and Criminal Justice, Vol. 3:2, p. 162 – 183(2015).

当简则简、当繁则繁,原则性与灵活性相结合,这种疏密有致的立法风格是1902年刑法典的一个突出特色。①

1902年刑法典颁行后也进行了一系列修改。这些修改既涉及刑法典总则部分,也涉及分则罪行。例如,2001年5月18日关于刑罚执行制度的修改,主要是将社区服务监督纳入刑法典总则中。涉及刑法分则部分的如,挪威于1951年5月11日颁行的法案对财产犯罪内涵进行修改。由于1902年刑法典颁行后经过多次修改,需要对其进行系统化的编撰,这也是2005年刑法典编撰的动因之一。

(三)2005年刑法典

2005年刑法典的立法历史始于1980年9月,当时挪威任命由安德斯·布拉托姆(Anders Bratholm)教授领导的刑法立法委员会开展刑法的全面修订工作,并负责起草一部全新的刑法典。首席检察官埃纳尔·盖特韦特(rEinar Høgetveit,后担任国家经济和环境犯罪调查和起诉局的负责人)于1994年接任刑法立法委员会主席。委员会撰写了八篇独立的评论,发表于1983年至2003年的《挪威公共评论》上。第一篇,《转型中的刑事立法:刑法委员会报告第一部分》(1983年);第二篇,《刑法的适用范围》(1984年);第三篇,《企业的刑事责任》(1990年);第四篇,《刑事诉讼中的精神错乱规则和特殊反应》(1990年);第五篇,《新刑法:总则》(1992年);第六篇,《性犯罪》(1997年);第七篇,《新刑法》(2002年);第八篇,《国家安全》(2003年)。

在司法部的建议下,刑法立法委员会的系列评论成为新刑法典的重要组成部分。2005年5月20日,挪威议会颁布了新刑法典。但是,由于警察当局对2005年刑法典的适用存在技术性障碍,因此,2005年刑法典颁布后并未立即生效,而是进行了多次修正和补充。2015年6月19日,2005年刑法典法案通过。2005年刑法典于2015年10月1日生效。2005年刑法典既是1902年刑法典的延续,也是对1902年刑法典的更新。

---

① 参见马松建:《挪威刑法典的形成与特色》,载《河南师范大学学报(哲学社会科学版)》2005年第2期。

三、2005 年刑法典的理念及框架

2005 年刑法典及其之后的刑法修正案构成了现行挪威刑法的全部。在挪威，这是自 1814 年挪威法律体系获得宪法基础以来的第三部现代刑法。新法典反映了挪威刑法的大陆法系背景。挪威刑法的许多基本理念、概念和原则与其他北欧国家以及德国刑法中的理念、概念、原则有相似之处。同时，挪威的法律制度也有其特殊性，这也反映在新的刑法典中。

（一）关于犯罪和刑罚的基本思想

虽然深深植根于欧洲大陆的刑法文化，但挪威的法律也有其独特之处。犯罪与刑罚的相称性一直是挪威刑法文化的核心部分，因此，报复性功能是挪威刑法的鲜明特色。2005 年刑法典也是如此。根据立法者的观点，社会需要对犯罪作出反应，为了避免社会动荡，必须满足惩罚犯罪的需要。挪威刑法的报复性功能也影响了刑罚的力度，特别是在暴力和性犯罪方面，立法者要求增加惩罚，以使这些犯罪得到相应的处罚。例如，2005 年刑法典第十六章规定了灭绝种族罪、危害人类罪和战争罪，第十六章所列的大多数罪行最高可处三十年监禁，而一般的犯罪最高刑罚为二十一年监禁；第十八章规定了恐怖主义行为以及与恐怖主义有关的行为，严重恐怖活动犯罪行为最高也可判处三十年监禁。

（二）作为定罪标准的危害原则

刑法立法委员会在 2002 年的报告中提出了一个关于刑事定罪的原则性规定，即采用危害原则作为刑罚的主要出发点。2005 年刑法典基于这样一种原则来确定犯罪的界限，即刑罚只应被用作对导致或可能导致某人受到伤害的行为的反应。一种特定的行为不应仅仅因为大多数人不喜欢而被定罪。惩罚的使用必须是合理和人道的。只有在有充分理由的情况下才应使用惩罚，而导致人员或财产受到损害的行为通常会构成此类充分理由。

同时，委员会还指出，危害原则可能有例外。例如，法律规定禁止汽车驾驶员卷入事故后六小时内摄入酒精或其他改变精神状态的物质，这样的规定是为了防止驾驶员影响警方的调查。另外，并非所有导致伤害的行为都需要刑事处罚。例如，有时进行高风险运动和生产作业会导致人员伤亡，但是，这种危害风

险是被允许的，称为“普遍的行动自由”。

（三）2005 年刑法典的框架

1902 年刑法典的结构基本保留在 2005 年刑法典中：第一编是刑法总则规定，第二编列出了刑事罪行。然而，1902 年刑法典在不同部分基于罪行的严重程度区分重罪和轻罪。例如，盗窃和盗窃的加重犯在 1902 年刑法典第二编第二百五十七条和第二百五十八条中予以规定，而盗窃的轻犯则在第三编第三百九十一条之一中予以规定。2005 年刑法典没有在不同的部分区分重罪和轻罪，而是将重罪和轻罪规定在一般犯罪之后，进行加重或减轻处罚。

2005 年刑法典划分为三编：第一编：刑法总则；第二编：犯罪行为；第三编：最后条款。各部分内容大致如下。

1. 刑法总则

2005 年刑法典比 1902 年刑法典有更多的关于刑事责任的一般性规定，而且比 1902 刑法典的规定更为详细。在 2005 年刑法典的起草中，立法者力求制定一个更完整、更易于适用的刑法规定。2005 年刑法典中相关条款的表述方式与 1902 年刑法典的表述方式基本一致，主要是对 1902 年刑法典的规定进行细化。

2. 犯罪行为

1902 年刑法典中将重罪和轻罪作为刑法典的第二编和第三编单独排列，而 2005 年刑法典放弃了这种划分，只是在相应的章节中就一些行为的加重或减轻处罚进行规定。例如，第一百二十三条规定对泄露国家秘密进行处罚，第一百二十四条规定的是对泄露国家秘密的加重犯进行处罚。另外，2005 年刑法典在具体罪行的法定刑配置上可以处以罚金或监禁，或两者兼施，也可以采取一些其他制裁措施。

与 1902 年刑法典相比，2005 年刑法典增加了一些新的严重犯罪。第十六章中规定了灭绝种族罪、危害人类罪和战争罪。该章的内容于 2008 年 3 月 7 日生效。第十六章所列的大多数罪行最高可处三十年监禁，而一般犯罪最高刑为二十一年监禁，这体现了挪威刑法对国际犯罪严厉惩治的态度和立场。同样，第十八章中规定的恐怖主义行为以及与恐怖主义有关的行为也是新增加的章节,该章根据 2013 年 6 月 21 日挪威第 85 号法案增加。根据该法案,若干新的恐怖主义犯罪的准备行为被确定为刑事犯罪。与第十六章规定的行为类似,严重恐怖主义活动犯罪行为最高可判处三十年监禁。

3. 最后条款

第三编最后条款中只有一个生效条文,即第四百一十一条,是关于刑法典生效的时间。2005 年刑法典虽然自 2005 年 5 月 20 日颁布,但自 2015 年 10 月 1 日起才生效。1902 年刑法典于 2005 年刑法典生效当日废止。根据 1902 年刑法典颁布的条例在 2005 年刑法典生效后继续适用。

译者说明

一、为了便于中国读者理解，本法典的相关条文表述按照“条”“款”“项”使用。在“项”之下，由于原法典中存在“句”的使用，难以与中国立法体例相对应，故保存了“句”的表述。每一项中的“第一句”“第二句”“第三句”的区分以句号为分割。见如下示例：

第三十一条　对监禁刑刑期的考量

一、只有在刑法规定可以判处监禁的情形下，才可适用监禁刑。

二、除非法律另有规定，否则判处监禁刑的最低刑期为十四日。

三、监禁刑刑期应为固定期限。监禁刑刑期不超过一百二十日的，按照天数计算刑期。四个月以上监禁刑应按月数和年数计算刑期。

第四十九条　小时数、监禁刑的替代刑和执行期

一、在判处社区服务时，法院应设定：

(一)三十小时至四百二十小时的社区服务；

(二)监禁刑的替代刑，该刑罚应与在未判处社区服务的情况下本应判处的监禁刑相当；以及

(三)执行期，通常应与监禁刑的替代刑刑期相当。如果监禁刑的替代刑刑期短于一百二十日，法院可设定最高一百二十日的执行期。

二、本法第三十一条第三款第二句和第三句的规定相应适用于执行期和监禁刑的替代刑的设定。

上述第四十九条第二款中的“本法第三十一条第三款第二句”指的是第

三十一条第三款中的“监禁刑刑期不超过一百二十日的，按照天数计算刑期”“本法第三十一条第三款第三句”指的是“四个月以上监禁刑应按月数和年数计算刑期”。

二、本法典中部分条文缺失，包括第130条、第147～150条、第177～180条、第199～200条、第212～220条、第227～230条、第243～250条、第289～290条、第347～350条、第359～360条、第395～400条。缺失原因为挪威现行刑法虽然于2005年颁布，但直至2015年才生效，挪威现行刑法在颁布之后、生效之前又发布了诸多修正案，上述条文在修订中被废除。

挪威刑法典[①]

[本刑法典于2005年5月20日颁布,2015年10月1日生效。

本刑法典中包含的修正法案有:2005年12月21日第131号法案、2005年6月17日第90号法案(经2007年1月26日第3号法案修正)、2006年6月30日第45号法案、2007年6月29日第81号法案、2008年3月7日第4号法案、2008年6月20日第47号法案、2008年6月27日第53号法案、2009年6月19日第74号法案、2010年3月26日第9号法案(经2013年4月5日第12号法案修正)、2010年6月25日第46号法案、2011年6月24日第30号法案、2011年6月24日第32号法案、2011年6月24日第34号法案、2012年1月20日第6号法案、2012年5月11日第26号法案、2012年6月22日第49号法案、2013年5月31日第25号法案、2013年6月21日第85号法案、2014年3月28日第9号法案、2014年5月9日第16号法案、2014年6月20日第49号法案、2015年5月29日第36号法案、2015年6月19日第65号法案、2015年12月18日第126号法案、2016年4月22日第3号法案、2016年4月29日第7号法案、2016年6月17日第51号法案、2016年6月17日第52号法案、2016年6月17日第53号法案、2016年12月16日第98号法案、2018年12月20日第114号法案、2017年6月21日第90

---

① 挪威的官方语为挪威语,本次翻译参照的《挪威刑法典》主要为挪威司法与公共安全部的英译版本(截至2021年4月9日),同时在翻译个别条款时也参考了原挪威语版本。——译者注

号法案、2017 年 6 月 21 日第 94 号法案、2018 年 6 月 1 日第 25 号法案、2018 年 6 月 15 日第 37 号法案、2018 年 4 月 20 日第 6 号法案、2018 年 5 月 25 日第 19 号法案、2019 年 6 月 21 日第 50 号法案、2019 年 6 月 21 日第 52 号法案。

下列修正法案也包括在内但未按时间顺序排序:2019 年 6 月 21 日第 48 号法案(自 2020 年 10 月 1 日起生效)、2020 年 5 月 29 日第 59 号法案(自 2020 年 7 月 1 日起生效)、2020 年 3 月 27 日第 15 号法案(自 2021 年 1 月 1 日起生效)、2020 年 12 月 4 日第 135 号法案(仅第一百九十条和第一百九十一条,自 2021 年 1 月 1 日起生效)。

单独条款修正:2020 年 8 月 17 日(第二百八十二条之二)、2021 年 4 月 9 日(个别表述有调整)。

未纳入本刑法典的修正法案:2020 年 6 月 19 日第 81 号法案(修订第五条、第一百五十五条、第二百零九条、第二百一十一条、第二百六十五条、第二百六十八条和第三百六十六条,新增第一百五十五条之一、第一百五十五条之二、第一百五十五条之三和第一百五十六条之一,2020 年 7 月 1 日生效)、2020 年 12 月 4 日第 135 号法案(修订第二十七条、第六十七条、第七十七条、第八十七条、第九十一条、第九十六条、第一百七十四条、第一百八十四条、第一百八十五条、第一百八十六条、第一百九十六条、第二百五十七条,新增第二百六十条之一,修订第二百六十二条、第二百六十四条、第二百七十二条、第二百七十四条、第二百八十四条、第三百零五条、第三百一十六条、第三百三十二条、第三百三十七条、第三百五十二条、第三百五十五条,新增第三百五十五条之一,修订第三百七十四条。2020 年 12 月 4 日和 2021 年 1 月 1 日生效。第一百九十条和第一百九十一条的修订于 2021 年 4 月 9 日合并到本刑法典中)、2021 年 3 月 5 日第 6 号法案(第一百九十六条,2021 年 3 月 5 日生效;第二百五十三条,2021 年 4 月 1 日生效)、2021 年 4 月 16 日第 18 号法案(第五条)。]

目　　录

第一编　刑法总则

第二编 犯罪行为

第三编 最后条款

第一编

刑法总则

第一章　刑法的适用

第一条　刑法总则的适用

第一编的规定适用于所有犯罪行为，立法另有规定或根据解释另有隐含性规定的除外。

第二条　国际法的约束

刑法的适用受到与外国签订的协议或国际法规定的约束。

第三条　刑法在时间上的适用

一、犯罪行为适用行为发生时的法律。但是，当立法对应受到处罚或刑事制裁的行为涉及的刑法规范进行了修正，且修正后的法律对被指控人更为有利时，应当适用修正后的法律。

二、如果一项持续的刑事犯罪在规定更严厉处罚的立法修正案生效后仍在继续，则在相应时间生效的法律适用于该犯罪的相应部分。

三、如果行为人已经依据《刑事诉讼法》第八十二条受到指控，则不考虑该指控依据新法的规定已超过时效，也不考虑指控不再是无条件的。

四、如果刑事制裁已经开始执行，则不考虑依据新法的规定执行已超过行刑时效。

五、如果行为人在案件重新审理后被定罪，适用与原判决相同的法律。

第四条　在挪威和挪威管辖地区实施的犯罪行为的刑法适用

一、在挪威境内和挪威管辖区内实施的犯罪行为适用本法，挪威境内包括斯瓦尔巴群岛、扬马延岛和挪威属地，见 1930 年 2 月 27 日第 3 号法案。

二、下列犯罪行为也适用本法规定：

（一）在挪威大陆架上用于勘探、开发或储存海底自然资源的设施，以及与此类设施相连的管道和其他固定运输设施，包括在位于挪威大陆架以外的地方的设施上实施的犯罪行为；

（二）在根据 1976 年 12 月 17 日关于挪威经济区的第 91 号法案所建立的管辖区域内发生的损害挪威管辖权所要保护的利益的犯罪行为；以及

（三）在挪威船只上，包括飞机、钻井平台或类似的可移动设施上实施的犯罪行为。如果船只或设施在另一国家领土内或领土上方，则本法仅对船上或设施上的人员实施的犯罪行为适用。

第五条　刑法对国外犯罪行为的适用

一、在本法第四条规定的适用范围之外，挪威公民、定居在挪威的个人或在挪威注册的企业实施的下列行为适用本法：

（一）该行为根据犯罪所在国的法律也应受到处罚；

（二）该行为被视为构成灭绝种族罪、危害人类罪或战争罪；

（三）该行为被视为违反战争法；

（四）该行为被视为构成童婚或强迫婚姻罪；

（五）该行为被视为构成切割生殖器罪；

（六）该行为针对挪威国家或挪威当局实施，或属于本法第一百二十条之一或第一百二十七条（参见第一百二十条之一）规定的犯罪行为；

（七）在任何国家主权范围之外犯下可判处监禁的罪行；

（八）该行为被视为使未成年人脱离监护；

（九）该行为属于本法第二百五十七条、第二百九十一条至第二百九十六条、第二百九十九条至第三百零六条或第三百零九条至第三百一十六条规定的犯罪行为；

（十）该行为根据本法第十八章被视为构成恐怖主义或与恐怖主义有关的犯罪行为，或属于本法第一百四十五条和第一百四十六条规定的犯罪行为；或者

（十一）该行为根据本法第一百八十三条被视为构成煽动犯罪的行为，或根据本法第一百八十五条被视为构成发表仇恨言论的行为。

二、第一款的规定也适用于下列主体：

（一）在行为发生后已成为挪威公民或已在挪威定居的人；

（二）行为人行为时或行为后成为另一个北欧国家的公民或定居在另一个北欧国家，目前在挪威；或者

（三）代表一家外国企业，该企业在行为发生后将其全部业务转移给注册地在挪威的企业。

三、第一款和第二款所涵盖的主体以外的人在挪威实施第一款第一项、第二项、第三项、第六项、第七项、第八项、第十项（第十项中涉及本法第一百四十五条的行为不在本条中适用）、第十一项规定的行为，且该行为最高可判处一年以上监禁，适用本法的规定。

四、对于第一款第二项规定的行为，只有当根据国际法该行为构成灭绝种族罪、危害人类罪或战争罪时，第二款和第三款才适用。

五、本法也适用于第一款至第四款所涵盖的主体以外的人在国外实施的行为，如果该行为的最高刑罚为六年或六年以上监禁，且该行为的对象是挪威公民或定居在挪威的人。

六、如果根据本条提起刑事诉讼，其刑罚不得超过行为发生地所在国对相应行为的最高法定刑罚。

七、只有在符合公共利益时，才可根据本条提出起诉。

第六条　根据国际法提出起诉的特别理由

一、在本法第四条和第五条适用范围之外，本法也适用于挪威根据与外国签订的协议或根据国际法有权或有义务起诉的行为。

二、根据本条提出起诉也应符合本法第五条第七款的规定。

第七条　被视为在多个地方发生的行为

当行为的可处罚性取决于其实际效果或预期效果，或受行为的实际效果或预期效果影响时，该行为也被视为在该效果实际发生或预期发生的地方实施的。

第八条　起诉已在国外被裁决的罪行的权力

一、在国外作出的终审判决依据的是下列法案或协议时：

（一）1977年3月25日关于从其他欧洲国家或向其他欧洲国家移交诉讼的第22号法案；

（二）1991年7月20日关于移交已定罪人的第67号法案；或者

（三）构成申根合作一部分的国际协议；

下列情形下，不得在挪威对同一刑事犯罪再次提起刑事诉讼或作出判决：

1. 此人被判决无罪或被判有罪但未被执行刑事制裁；或者

2. 实施的刑事制裁已被完全执行或正在执行中，或根据裁决国的规范被免除。

二、如果在裁决国的起诉不是应挪威当局的要求提出，在下列情形下，可在挪威对第一款第一项和第二项规定的案件进行起诉：

（一）行为是在第四条规定的区域内实施的，另见本法第七条；

（二）犯罪人定居在挪威或行为时是挪威公民，且对犯罪人的起诉符合公共利益；

（三）行为是针对在挪威担任公职的人，或针对挪威的公共机构或任何其他公共性质的机构实施的，或犯罪人在挪威担任公职；或者

（四）根据国际法，挪威有权利或义务进行起诉。

三、如果在裁决国的起诉不是应挪威当局的要求提出，在下列情形下，可在挪威对第一款第三项规定的案件进行起诉：

（一）该行为全部或部分在挪威实施，但是，如果该行为一部分在挪威实施，而另一部分是在已作出判决的公约缔约方境内实施的，则不适用例外的规定；

（二）该行为在挪威属于应受刑事处罚的战争罪、灭绝种族罪、违反国家自治和安全的犯罪、违反宪法和政治制度的犯罪、劫持交通工具犯罪、破坏基础设施犯罪、毒品犯罪的加重犯、非法使用钚和铀的犯罪、纵火犯罪的加重犯或任何其他特别危险的犯罪行为；或者

（三）该行为是由挪威官员违反公务实施的。

第二章　释　　义

第九条　近亲属

一、“近亲属”是指：

（一）配偶；

（二）直系亲属和兄弟姐妹及其配偶；

（三）配偶的直系亲属和兄弟姐妹及其配偶；

（四）继兄弟姐妹及其配偶；

（五）养父母及其父母、养子女和养兄弟姐妹；以及

（六）未婚夫、未婚妻。

二、关于配偶的规定也适用于离婚配偶。但是，婚姻关系中的亲属仅在婚姻解除前发生的事项上被视为近亲属。本款第二句中关于婚姻关系中的亲属的规定也适用于婚约解除后的未婚夫、未婚妻。

三、在婚姻关系因死亡而终止后，姻亲关系仍然存续。

四、登记的伴侣关系和两个人以类似婚姻的关系长期生活在一起的情况被视为构成婚姻关系。

第十条　公共场所与公共行为

一、“公共场所”是指供一般交通使用或公众经常出入的场所。

二、当一个行为在众多人在场情况下发生，或当该行为很容易被观察到并且已经在公共场所被观察到时，应被视为公共行为。如果该行为包括发表声明，且该声明能被相当数量的人知悉，那么发表该声明也是公共行为。

第十一条　对他人的身体或健康造成严重伤害

一、“对他人的身体或健康造成严重伤害”是指造成感官、重要器官、身体

重要部位的丧失，或造成实质性损伤、严重毁容、致命的或长期的疾病或严重精神损害。

二、如果犯罪行为导致胎儿死亡或受伤，也会被认定为造成“严重伤害”。

第十二条　犯罪对象

“犯罪对象”也包含电力和其他类型的能量。

第十三条　法定时效的计算

依据《法院法》第一百四十八条第二款和第一百四十九条第一款的规定计算法定时效。

第三章　承担刑事责任的基本条件

第十四条　法律授权要求

本法第二十九条和第三十条规定的刑事制裁,只有在得到法律授权的情况下才能实施。

第十五条　犯罪的帮助行为

除非另有规定,否则刑法规定也适用于犯罪的帮助行为。

第十六条　犯罪未遂

一、除非另有规定,否则任何人意图犯下可判处一年或一年以上监禁的罪行,并实施直接导致该罪行发生的行为,应以犯罪未遂受到处罚。

二、任何人自愿停止犯罪或阻止犯罪的,不应因犯罪未遂而受到处罚。

第十七条　紧急避险

本应受到处罚的行为在下列情形下是合法的:

(一)致力于挽救生命、健康、财产或其他利益,使其免受无法以其他合理方式避免的损害风险;以及

(二)这种损害风险远远大于该行为所带来的损害风险。

第十八条　正当防卫

一、本应受到处罚的行为在下列情形下是合法的:

(一)致力于避免非法攻击;

(二)不超过必要的限度;以及

(三)考虑到攻击的危险性、攻击所侵犯的利益类型以及攻击者的罪责,行为没有明显超出合理范围。

二、第一款中的规则相应地适用于任何实施合法逮捕或试图阻止某人逃避羁押或服刑的行为人。

三、只有在权力行使是非法的,并且行使权力的人有故意或重大过失的情况下,才能针对行使公权力的行为进行正当防卫。

第十九条　自我救济

在等待权力机关的援助是不合理的情况下,如果权利人采取行动恢复一个被非法改变的状态,那么,该行为是合法行为而不是犯罪行为。只有在侵权行为显而易见的情况下,权利人才可以对他人使用武力,并且不得超过合理范围。

第二十条　刑事责任

一、犯罪时不满十五周岁的人不负刑事责任。

二、行为人在犯罪时存在下列情形的也不负刑事责任:

(一)严重异常的精神状态;

(二)意识严重受损;或者

(三)严重精神残疾。

三、根据第二款评估行为人的刑事责任时,应重点考虑该人的现实感知能力和行为能力的受损程度。

四、除非有特殊原因,否则因自己导致的醉酒而暂时处于不负刑事责任状态的人不得免除处罚。具有第二款第一项所述永久性精神异常状态的行为人如有特殊原因表明是故意造成不负刑事责任状态的,应受到处罚。

第二十一条　罪责要求

除非另有规定,否则刑法仅适用于故意犯罪。

第二十二条　主观意图

一、当一个人的行为符合刑法规定中对犯罪的描述时,即存在犯罪主观意图:

(一)故意;

(二)意识到该行为必然或很可能符合对犯罪的描述;或者

(三)认为该行为可能符合对犯罪的描述,并选择在这种情况下采取行动。

二、即使犯罪人不知道该行为是非法的,也存在主观意图,见本法第二十六条。

第二十三条　过失

一、任何人的行为违背了在生活中应当注意的要求，并可能因其个人情况而受到指责的，则属于过失。

二、如果该行为具有高度可谴责性，并且有理由受到重大指责，则属于重大过失。

第二十四条　意外后果

如果行为人对犯罪后果存在过失，或在意识到可能发生后果后未能根据自身能力预防后果的发生，则意外后果是评估犯罪是否加重处罚的因素之一。

第二十五条　对事实的无认知

一、对任何人罪责的判断应以其在行为发生时对事实情况的认知为依据。

二、如果行为发生时的无认知是过失导致的，则如果该行为构成的犯罪包括过失犯，该行为应受到处罚。

三、由于自己导致的醉酒所造成的无认知不得免除处罚。在这种情况下，对违法者的判定与其清醒时相同。如果行为人处于自我导致的不负刑事责任状态，同样适用。

第二十六条　对法律的无认知

任何人在行为发生时由于过失而不了解法律规则，不知道该行为是非法的，应受到处罚。

第四章　对企业的处罚

第二十七条　对企业的处罚

一、当代表企业行事的人违反刑法规定时，企业应受到处罚。即使个人构成本法第二十条规定的不负刑事责任的情形，企业也应受到处罚。

二、“企业”指公司、合作社、协会或其他组织、独资企业、基金会、房地产或公共机构。

三、企业构成犯罪的，处以罚金。该企业也可能依据本法第五十六条的规定被剥夺从事营业的权利，或被禁止从事某种特定的营业活动，并被处以本法第十三章规定的没收。

第二十八条　对企业施加处罚的考量因素

在确定是否应根据本法第二十七条处罚企业和评估处罚轻重时，应考虑下列因素：

（一）处罚的预防效果；

（二）罪行的严重程度，以及代表企业行事的人是否犯有罪行；

（三）企业是否可以通过使用合规指南、指示、培训、检查或其他措施预防犯罪；

（四）犯罪是否是为了增进企业利益；

（五）企业是否已经或可能通过犯罪获得任何利益；

（六）企业的财务能力；

（七）企业或代表该企业行事的人是否因犯罪而受到其他处罚，包括任何个人是否受到处罚；以及

（八）与外国签订的协议是否规定了对企业实施处罚。

第五章　刑事制裁概述

第二十九条　刑罚

一、刑罚包括：

（一）监禁，见本法第六章；

（二）预防性拘留，见本法第七章；

（三）社区服务，见本法第八章；

（四）青少年刑罚，见本法第八章之一；

（五）罚金，见本法第九章；以及

（六）剥夺权利，见本法第十章或《国籍法》第二十六条之一。

二、在评估刑罚的适用时，如果需要施加多项刑事制裁，见第一款和本法第三十条，则刑事制裁的力度应与罪行相适应。

第三十条　其他刑事制裁

其他刑事制裁包括：

（一）延期判决，见本法第六十条；

（二）放弃判决，见本法第六十一条；

（三）交付精神病治疗，见本法第六十二条；

（四）交付强制看护，见本法第六十三条；

（五）没收，见本法第十三章；

（六）放弃起诉，见《刑事诉讼法》第六十九条和第七十条；

（七）将案件移交给国家调解局进行调解、监督或对青年进行监管，见《刑事诉讼法》第七十一条之一第一款和第二款；以及

（八）丧失驾驶机动车辆的权利等，见《道路交通法》第二十四条之一第二款，第三十三条第一款、第二款（另见第六款）和第三十五条第一款，以及丧失有偿运输乘客的权利（专业执照），见《专业运输法》第三十七条之六第二款。

第六章　监　禁　刑

第三十一条　对监禁刑刑期的考量

一、只有在刑法规定可以判处监禁的情况下，才可适用监禁刑。

二、除非法律另有规定，否则判处监禁刑的最低刑期为十四日。

三、监禁刑刑期应为固定期限。监禁刑刑期不超过一百二十日的，按照天数计算刑期。四个月以上的监禁刑应按月数和年数计算刑期。

第三十二条　监禁刑与其他刑罚同时适用

一、监禁刑可与下列刑罚同时适用：

（一）社区服务，但须符合本法第五十一条第一项规定的条件；

（二）罚金，见本法第五十四条第一款第一项和第二款；或者

（三）剥夺权利，见本法第五十九条第一项。

二、第一款规定的合并判处监禁刑和其他刑罚的权力，对法律条款中限制刑罚适用的规定没有影响。

第三十三条　对青少年犯罪人有限适用监禁刑

只有在必要时才能对犯罪时不满十八周岁的人判处监禁刑立即执行。即使刑法规定允许更严厉的处罚，监禁刑的刑期也不得超过十五年。

第三十四条　缓刑（监禁刑缓期执行）

一、在判处监禁刑时，法院可决定暂停部分或全部监禁刑的执行。如果暂停执行部分刑罚（部分监禁刑暂停执行，部分监禁刑立即执行），立即执行的部分监禁刑不得低于十四日。

二、缓刑期限通常为二年。在重复犯罪导致刑期增加的情况下，以及在其

他特殊情况下,可以设定更长的缓刑期,但最长缓刑期不得超过五年。缓刑期限自终审判决作出之日起计算。

三、监禁刑缓期执行的基本条件是,犯罪人在缓刑期间不得再次犯罪。法院也可以根据本法第三十五条至第三十七条规定施加特殊条件。在施加特殊条件之前,应尽可能给予被指控人就特殊条件发表意见的机会。

第三十五条　关于补偿和赔偿的特殊条件

作为监禁刑缓期执行的一项特殊条件,法院可以要求有能力支付的犯罪人向受害人或其他因其行为受到损害的人提供赔偿和补救。如果损失已经足够明确,法院也可以主动规定赔偿的条件。

第三十六条　关于报告义务的特殊条件

作为监禁刑缓期执行的一项特殊条件,法院可以命令犯罪人在特定时间向警方报告。除非法院另有决定,否则报告义务期限为一年。报告义务自判决具有法律效力之日起算。如果判决涉及犯罪人已经供认的犯罪行为,判决可以规定立即履行报告义务。

第三十七条　其他特殊条件

一、作为监禁刑缓期执行的特殊条件,法院可以命令犯罪人:

(一)遵守有关住所、行踪、工作或培训的规定;

(二)避免与特定人员接触;

(三)遵从收入和资产控制的限制,并履行诸如支付强制性赡养费等经济义务;

(四)禁止摄入酒精或其他醉酒或麻醉物质,并接受必要的药物测试;

(五)如有必要,接受治疗以防止酒精或其他醉酒或麻醉物质的滥用;

(六)在法院控制下完成戒毒治疗计划(见本法第三十八条),或完成针对因违反《道路交通法》第三十一条(另见《道路交通法》第二十二条第一款)而被定罪的人,以及有酒精或其他醉酒或麻醉物质滥用问题的人制定的预防醉酒驾驶计划,条件是犯罪人同意完成这些计划;

(七)必要时在机构接受精神病治疗;

(八)在家或机构中居住最长一年;

（九）参与国家调解服务机构的调解，并遵守调解程序期间签订的任何协议，或接受国家调解服务机构最长一年的监督期，前提是案件适合采用该程序，且受害人、犯罪人及其监护人（如相关）已同意；

（十）接受国家调解服务机构最长一年的青少年监督期，前提是犯罪人在行为发生时年龄在十五周岁至十八周岁之间，案件适合采用该程序，并且犯罪人和犯罪人的监护人（如相关）已同意；或者

（十一）满足法院认为适当的其他特殊条件。

二、《刑事诉讼法》第四百六十一条相应地适用于第一款第六项规定的特殊条件。

三、根据第一款第四项的规定，在行为实施时不满十八周岁的犯罪人接受药物测试时，适用《卫生人员法案》第十二条第三款。

第三十八条　特殊条件等的规定

国王可以发布关于执行缓刑的特殊条件的法令。① 国王可以发布关于法院控制下的戒毒治疗计划的详细规定，包括计划的适用对象、计划内容和计划如何实施。惩教机构负责监管犯罪人完成法庭控制下的戒毒治疗计划、预防醉酒驾驶计划或监管不满十八周岁且须根据本法第三十七条第一款第四项规定遵守禁止条件的犯罪人。《刑罚执行法》第五十六条相应适用于要求完成法院控制下的戒毒治疗计划、预防醉酒驾驶计划或第三句规定的遵守禁止条件等情形。

第三十九条　违反缓刑条件等

一、根据犯罪人的情况，地区法院可以在缓刑期间作出裁决，撤销或修改已施加的特殊条件，并施加新的特殊条件。如果法院认为有必要，也可以延长缓刑期限，但总的缓刑期限最长不得超过五年。如果涉及的特殊条件是完成戒毒治疗计划或预防醉酒驾驶计划，惩教机构可向法院申请作出此类裁决。应尽可能给予犯罪人就施加特殊条件和延长缓刑期限发表意见的机会。

---

①　依据挪威《宪法》第十七条的规定，国王可以发布和废除与商业、海关、民生和公共行政有关的法令，但这些法令不得与宪法或议会通过的法律相冲突。——译者注

二、如果犯罪人严重或多次违反所施加的特殊条件,地区法院可判决全部或部分执行原判决,或判处更长的缓刑期和施加新的特殊条件。检察机关必须在缓刑结束的三个月内向法院提交作出此类判决的申请。如果涉及的特殊条件是完成戒毒治疗计划或预防醉酒驾驶计划,惩教机构可向法院申请作出此类判决。第一款第四句相应适用。本法第三十一条第二款不适用于部分执行判决的情况。《刑事诉讼法》第二百四十三条中的通知规则相应地适用于有关撤销缓刑的法庭听证会。应根据适用于检察机关的相同规则通知惩教机构。

三、如果犯罪人在缓刑期间实施犯罪行为,并且在缓刑期结束六个月内被起诉或被申请根据有罪答辩进行简易审判,法院可以对这两项罪行合并判决或对新罪行单独判决。如果对新罪行作出单独判决,法院也可以在判决中按照第一款的规定变更先前的缓刑适用。

第七章　预防性拘留

第四十条　实施预防性拘留的条件

一、如果认为监禁不足以保护他人的生命、健康或自由，则在发现犯罪人实施或企图实施暴力罪行、性犯罪、非法监禁、纵火或其他侵犯他人生命、健康、自由或危及这些合法利益的罪行，且符合第二款或第三款规定的适用条件时，可在惩教机构中实施预防性拘留。如果被指控人不满十八周岁，除非有特殊情况，否则不得实施预防性拘留。

二、如果罪行性质严重，实施预防性拘留必须有证据证明犯罪人有明显再次实施第一款规定的严重罪行的危险。

三、如果罪行性质较轻，实施预防性拘留应当符合下列条件：

（一）犯罪人必须曾经实施或企图实施第一款规定的严重罪行；

（二）必须有证据证明犯罪人先前所犯罪行与现在所犯罪行有密切联系；以及

（三）再犯第一款规定的严重罪行的风险必须特别明显。

四、在根据第二款和第三款评估再次犯罪的风险时，应特别考虑犯罪人的行为、所造成的社会影响和犯罪人的自身情况。在第二款规定的情况下，应特别考虑犯罪人是否曾经实施或企图实施第一款规定的严重罪行。

五、在判处预防性拘留前，应当对被指控人进行个人检查。法院可决定被指控人接受法医的精神病检查，以代替或补充个人检查。

第四十一条　预防性拘留与其他刑罚措施同时适用

预防性拘留可与剥夺权利同时适用，见本法第五十九条第四项。

第四十二条　已判处的监禁刑和社区服务的失效

已判处的监禁刑和社区服务在判处预防性拘留时失效。

第四十三条　预防性拘留的期限

一、预防性拘留的期限通常不应超过十五年,最长不得超过二十一年。对于监禁刑刑期最高为三十年的罪行,法院可规定不超过三十年的预防性拘留期限。如果被定罪人在犯罪时不满十八周岁,预防性拘留期限通常不应超过十年,最长不得超过十五年。经检察机关申请,地区法院可作出判决,每次将规定的期限延长最多不超过五年。延期申请必须在预防性拘留期结束前三个月内向地区法院提出。

二、法院还应规定不得超过十年的预防性拘留的最低期限。但是,如果法院规定的预防性拘留期限超过十五年,则法院可规定不超过十四年的最低期限。如果法院规定的预防性拘留期限超过二十一年,则法院可规定不超过二十年的最低期限。

第四十四条　假释

一、犯罪人在预防性拘留期结束前可以获得假释。规定了最低预防性拘留期限的犯罪人在最低刑期期满前不得假释。假释期限为一年至五年。

二、犯罪人或惩教机构申请假释的,检察机关提交地区法院,由地区法院作出判决。当检察机关同意假释时,可以由惩教机构决定是否假释。

三、涉及假释案件的听证会应当尽快进行。

四、犯罪人在实施预防性拘留或拒绝假释的判决成为终审判决后的一年内不得申请假释。

第四十五条　与假释有关的条件

一、法院可以就假释规定下列条件:

(一)与监禁刑缓期执行相同的条件,见本法第三十五条至第三十七条;

(二)假释人员应由惩教机构监督;或者

(三)假释人员依据本法第三十七条第一款第八项规定留在惩教机构或市政居住单位一年后仍应继续居住。只有在特殊原因表明有必要且惩教机构或市政当局已同意的情况下,才可施加此类条件。法院也可以违背假释人员意愿将其关押在惩教机构或市政居住单位，以及在其逃跑时将其遣返，如有必要，可在公权力机关的协助下使用武力强行将其遣返。

二、关于假释，惩教机构可施加第一款中第一项和第二项规定的条件，但本法第三十七条第一款第十项规定的条件（也包括法院认为适当的其他特殊条件）除外。

三、当所施加的条件要求假释人员受到惩教机构的监督时，可执行《刑罚执行法》第五十六条规定的措施。

四、被定罪人应有机会对这些施加的条件发表意见。当法院施加条件时，惩教机构也应适用此规定。

五、本法第三十九条第一款的规定相应地适用于假释期限的修改和延长。

六、假释人员可以向地区法院申请裁定，撤销或修改第一款第三项规定的条件，见本法第三十九条第一款。此类申请的提出不得早于准予假释的判决或地区法院的最新裁决成为最终裁决后的一年。

七、如果对刑事案件中的受害人或其遗属而言被告知假释日期很重要，惩教机构应提前通知受害人或其遗属。通知还应包括根据法令或条例规定施加的条件，如果这些条件直接涉及受害人或其遗属。

第四十六条　违反预防性拘留的条件等

一、在下列情形下，地区法院根据申请，可以通过判决决定对假释人员进行预防性拘留，或者延长假释期限和施加新的条件：

（一）假释人员在假释期间严重或多次违反规定的假释条件；

（二）假释人员在假释期间有进一步的犯罪行为；或者

（三）根据本法第四十五条第一款第三项的规定，因特殊原因不再允许假释。

二、检察机关的申请必须在假释期结束后三个月内向法院提出。如果被假释的人正在接受惩教机构的监督，惩教机构应在判决前提供意见。应尽可能给予被定罪人发表意见的机会。

三、在第一款第二项规定的案件中，法院可对两项行为作出合并判决，或就新行为作出单独判决。

四、惩教机构、市政机关依照第四十五条第一款第三项撤回假释同意的，应将获释人员送回进行预防性拘留。

第四十七条　关于预防性拘留和预防性拘留中的假释的法令

国王可以就预防性拘留以及预防性拘留中假释的实施发布法令。

第八章　社 区 服 务

第四十八条　判处社区服务的条件

一、有下列情形的，可以判处社区服务而不是监禁刑：

（一）判处的最严厉处罚是一年监禁；

（二）非监禁刑的刑罚制裁不会违背处罚目的；以及

（三）犯罪人同意并定居在挪威、丹麦、芬兰、冰岛或瑞典。

二、如果本应判处的全部或部分刑罚已被缓期执行，且犯罪人不满十八周岁或有充分理由判处社区服务，则可以不适用第一款第一项。

第四十九条　小时数、监禁刑的替代刑和执行期

一、在判处社区服务时，法院应设定：

（一）三十小时至四百二十小时的社区服务；

（二）监禁刑的替代刑，该刑罚应与在未判处社区服务的情况下本应判处的监禁刑相当；以及

（三）执行期，通常应与监禁刑的替代刑刑期相当。如果监禁刑的替代刑刑期短于一百二十日，法院可设定最高一百二十日的执行期。

二、本法第三十一条第三款第二句和第三句的规定相应适用于执行期和监禁刑的替代刑的设定。

第五十条　施加条件的权力

法院在判处社区服务时，可命令犯罪人在执行社区服务期间：

（一）遵守惩教机构关于住所、行踪、工作、培训或治疗的规定；或者

（二）禁止与特定人员接触。

第五十一条　社区服务与其他刑罚措施同时适用

社区服务可以与下列刑罚措施同时适用：

（一）因特殊原因判处不超过六十日的监禁，见本法第三十二条第一款第一项；

（二）罚金，见本法第五十四条第一款第二项和第二款；或者

（三）剥夺权利，见本法第五十九条第一项。

第五十二条　违反社区服务的条件

一、犯罪人有下列情形的，经申请，地区法院可通过判决决定执行全部或部分监禁刑的替代刑：

（一）违反《刑罚执行法》第五十四条第一款和第二款、第五十五条或第五十八条第一款第一项至第四项中的规定；或者

（二）在执行期结束前再次犯罪。

二、对于撤销社区服务判决，法院应考虑已经执行的社区服务时长。如果监禁刑的替代刑判决不能完全执行，法院可以将执行期延长最多六个月。

三、如果根据第一款第二项的规定撤销社区服务判决，法院可以对两项行为作出合并判决，或对新行为作出单独判决。

四、根据第一款第一项提出的申请由惩教机构或检察机关提出。根据第一款第二项提出的申请由检察机关提出。撤销申请必须在执行期结束前三个月内向法院提出。

五、《刑事诉讼法》第二百四十三条中的通知规则相应适用于有关撤销社区服务判决的法庭听证会。应根据适用于检察机关的相同规则通知惩教机构。

第八章之一　青少年刑罚

第五十二条之一　判处青少年刑罚的条件

有下列情形的，可以根据《国家调解服务法》第四章中的青少年被害人—犯罪人会议和青少年行动计划判处青少年刑罚，以取代监禁刑刑罚：

（一）犯罪人在犯罪时不满十八周岁；

（二）犯罪人多次实施犯罪行为或实施严重的犯罪行为；

（三）犯罪人同意并定居在挪威；以及

（四）判处非监禁刑的刑罚不会违背刑罚处罚目的。

第五十二条之二　执行期和监禁刑的替代刑

一、在判处青少年刑罚时，法院应规定：

（一）六个月至二年的执行期。如果在未判处青少年刑罚情况下所判处的监禁刑明显超过二年，则可以规定最长为三年的执行期；

（二）监禁刑的替代刑。该刑罚应与在未判处青少年刑罚的情况下本应判处的监禁刑相当。本法第三十一条应相应适用于监禁刑的替代刑刑期的设定。

二、在向犯罪人宣读或向其送达青少年刑罚的判决时，应详细告知其判决内容，违反《国家调解服务法》第三十一条或根据该条作出的规定，以及在执行期结束前再次实施犯罪行为的后果。

第五十二条之三　违反青少年刑罚的条件

一、犯罪人有下列情形的，经申请，地区法院可通过判决决定执行全部或部分监禁刑的替代刑：

（一）违反《国家调解服务法》第三十一条或根据该法第三十一条发布的规

定;或者

(二)在执行期结束前再次犯罪。

二、对于此类青少年刑罚的撤销,法院应考虑到已执行的青少年刑罚的刑期。

三、如果根据第一款第二项的规定撤销青少年刑罚,法院可以对两项行为作出合并判决,或对新行为作出单独判决。

四、根据第一款第一项提出的申请由惩教机构提出。根据第一款第二项提出的申请由检察机关提出。申请必须在执行期结束前三个月内向法院提出。

五、《刑事诉讼法》第九十六条第三款、第九十九条第一款第三句和第十四章中关于辩护律师、逮捕和羁押的规则也相应适用。《刑事诉讼法》第二百四十三条中的通知规则相应适用于有关撤销青少年刑罚的法庭听证会。应根据适用于检察机关的相同规则通知惩教机构。

第九章　罚　　金

第五十三条　罚金刑的适用

一、如果刑法条文有规定，罚金刑可单独适用。

二、在考虑罚金刑的适用时，除了考虑刑罚处罚时通常重视的因素外，还应注重犯罪人的收入、资产、对被抚养人的责任、债务负担和其他影响财务能力的情况。本法第二十八条的规定适用于对企业判处罚金的考量。

三、除非另有规定，否则罚金应上缴国家。

四、如果犯罪人在犯罪时不满十八周岁，法院可以决定暂缓执行刑罚（暂缓执行罚金刑）。缓期执行期限通常为三年。缓期执行的基本条件是犯罪人在缓期执行期间不得再次犯罪。此外，法院可设定本法第三十六条和第三十七条第一款第一项至第十项中规定的特殊条件。在设定特殊条件之前，应允许被指控人对其发表意见。本法第三十九条相应适用。对于选择性罚金令状，暂缓执行罚金的规则也相应适用。

第五十四条　罚金刑与其他刑罚措施同时适用

罚金刑可以与下列刑罚措施同时适用：

（一）监禁刑，见本法第三十二条第一款第二项；

（二）社区服务，见本法第五十一条第二项；或者

（三）剥夺权利，见本法第五十九条第三项。

即使刑法中对相关犯罪的法定刑未规定罚金刑，也可以同时适用。

第五十五条　监禁刑的替代刑

一、在判处罚金时，可以设定一日至一百二十日的监禁刑的替代刑。当符

合《刑事诉讼法》第四百五十六条第二款第一句的条件时,可以执行替代刑。

二、监禁刑的替代刑在全额缴纳罚金后失效。如果支付了部分罚金,监禁刑的替代刑的刑期按比例减少,以整日计算。

三、如果已根据本法第二十七条对企业或行为发生时不满十八周岁的犯罪人处以罚金,则不得对其根据第一款判处监禁刑的替代刑。

第十章　剥夺权利

第五十六条　职业禁止

一、任何人，如果其犯罪行为表明其不适合或可能滥用某一职位、业务或活动，在符合公共利益的情况下，可以：

（一）被剥夺职位；或者

（二）被剥夺未来担任某项职位或从事某项业务、活动的权利。

二、这种权利的丧失可能仅限于被禁止行使与职位或业务有关的某些职能，或被命令在特定条件下参与该业务或活动。

三、任何被剥夺经营企业权利的人也被禁止代表他人经营企业或允许他人代表其经营企业。

四、可以命令犯罪人交出作为丧失权利证据的任何文件或其他物品。

五、如果未对犯罪设定一年或一年以上的最低监禁刑刑期，可将本条规定的剥夺权利作为唯一处罚。

第五十七条　禁止令

一、如果有理由相信任何实施了犯罪行为的人还会实施下列行为，则可以对该人发出禁止令：

（一）对他人实施犯罪行为；

（二）跟踪他人；或者

（三）以其他方式扰乱他人的安宁。

二、禁止令可以规定受约束的人不得从事下列行为：

（一）出现在特定区域；或者

（二）跟踪、拜访或以其他方式联系他人。

三、如果存在发生第一款第一项中所述行为的明显风险，则可禁止行为人进入其自己的住宅。

四、禁止令可根据具体条件加以限制。

五、如果认为有必要确保禁止令得到遵守，法院可以决定受禁止令约束的人应在禁止令的全部或部分有效期内受到电子监控。此类监控只能记录犯罪人在禁止令覆盖区域内移动的信息、犯罪人正在受害人附近移动的信息以及监控设备信号丢失的信息。犯罪人有义务提供实施监控所需的协助和遵守执行监控工作所需的警方指示。国王可以发布关于实施电子监控的具体条例，包括与此类监控相关的个人数据处理。

六、如果未对犯罪设定一年或一年以上的最低监禁刑刑期，可将本条规定的剥夺权利作为唯一处罚。

第五十八条　剥夺权利的期限

一、剥夺权利自判决或选择性处罚令状[①]成为最终判决之日起生效。

二、根据本法第五十六条第一款第二项或第五十七条的规定，可以规定五年以下的剥夺权利期限，或在特殊情况下，可以规定无限期剥夺权利。但是，电子监控不能无限期实施。行为人只能在选举任期内被剥夺市议会议员、郡议会议员或国会议员的职位。禁止行为人进入自己的住宅的禁止令期限不得超过一年，见本法第五十七条第三款。

三、地区法院可在三年后审查第二款规定的剥夺权利是否继续维持。地区法院可在六个月后审查实施电子监控的命令是否继续维持。审查申请应向检察机关提出，检察机关负责向法庭提交案件。《刑事诉讼法》第二百二十二条之一第八款第二句和第三句适用于对禁止令或实施电子监控命令的审查。法院的审查决定以裁决的形式作出。如果剥夺权利的判决经裁决全部或部分得到维持，则三年内不得再次审理该案件。如果实施电子监控的命令被裁决维持原状，则六个月内不得再次审查该命令。

---

①　令状是由法院发布的针对特定事项的命令。——译者注

四、犯罪人正在服监禁刑或逃避执行监禁刑的期间不得计入根据第三款规定的剥夺权利和申请审查的期限。

五、适用禁止令的司法管辖区的地区法院可根据检察机关的申请，并为了该禁止令所保护的一人或多人的利益，修改禁止令的内容，见本法第五十七条第二款。《刑事诉讼法》第二百二十二条之一第三款第三句和第五句以及第八款第二句和第三句相应适用。

第五十九条　剥夺权利与其他刑罚措施同时适用

剥夺权利可以与下列刑罚措施同时适用：

（一）监禁刑，见本法第三十二条第一款第三项；

（二）社区服务，见本法第五十一条第三项；

（三）罚金刑，见本法第五十四条第一款第三项和第二款；或者

（四）预防性拘留，见本法第四十一条。

第十一章　延期判决和放弃判决

第六十条　延期判决

一、即使行为被证明有罪，法院也可以延期判决。

二、当犯罪人犯下数项罪行并合并判决时，见本法第七十九条第一项，延期判决可与下列刑罚措施同时适用：

（一）立即监禁，刑期不得少于十四日；或者

（二）判处罚金，即使相关犯罪未规定罚金刑的，也可以适用。

三、本法第三十四条第二款、第三款以及第三十五条至第三十九条中的规定相应适用。但是，本法第三十九条第二款第五句不适用。

第六十一条　放弃判决

一、即使行为已被证明有罪，法院也可以在特殊情况下放弃判决。

二、在决定特殊情况是否适用时，应特别考虑判处刑罚是否会对犯罪人造成不合理的额外负担，以及刑罚的目的和效果是否表明应实施制裁。

三、本法第六十条第二款相应适用。

第十二章　交付精神病治疗和强制看护

第六十二条　交付精神病治疗的条件

一、根据本法第二十条第二款至第四款被判定不负刑事责任的行为人，如果实施或企图实施侵害他人生命、健康或自由的罪行，或可能将这些法益置于危险之中，对其实施特别制裁对于保护社会是必要的，而且存在发生新的严重侵害行为的现实危险，可以通过法院命令将其交付精神病治疗。

二、根据本法第二十条第二款至第四款被判定不负刑事责任的行为人，如果多次实施危害社会或特别令人困扰的罪行，再次发生同类犯罪的风险特别高，对其采取其他措施显然不合适，有必要给予特别制裁以保护社会免受此类罪行的影响，也可以通过法院命令将其交付精神病治疗。

三、在评估再次犯罪的风险时，重点应放在犯罪人的一般行为、疾病史、当前精神状态以及与酒精和毒品的关联性方面。

四、当行为人因处于事实上的无知状态而不负刑事责任，见本法第二十五条，或处于与犯罪意图不符的状态时，也可以命令将其交付精神病治疗。

第六十三条　严重精神残疾者等的强制看护

一、根据本法第六十二条规定的条件，任何根据本法第二十条第二款至第四款的规定而不负刑事责任的行为人，可通过法院命令将其交付强制看护。

二、根据本条规定，强制看护应在为此目的而设立的提供专门医疗服务的专科部门中进行。如果符合犯罪人的利益，且出于安全考虑也允许，专科部门可根据国王发布的具体法令，在专科部门之外执行看护协议。

三、行为人可在违背其意愿的情况下被拘留，并在逃跑时被遣返，必要时在公权力机关的协助下以武力遣返。专科部门全权负责强制看护的执行，包括在专科部门之外执行特别制裁的情况。

第六十四条 关于执行强制看护的详细规定

一、《精神卫生保健法》的下列规定相应适用于强制看护的执行：

（一）第一章、第四章（第四条之五第二款、第四条之九和第四条之十除外）以及第六章（专科部门执行特别制裁的相关规定）。但是，第四章第四条之四第二款第二句的规定仅在国王发布的法令中有此规定时才适用。

（二）第一章和第六章关于在专科部门以外执行特别制裁的规定。

二、国王可以发布法令规定《健康和护理服务法》第九章应相应适用。国王可以对适用的行政程序作出特别规定。

三、国王将颁布法令，详细规定如何根据本法第六十三条的规定执行强制看护，包括确定哪些措施应根据《争议法案》第三十六章的规定进行审查。

第六十五条 刑事制裁的停止

一、本法第六十二条中关于再犯风险的条件满足时，根据本法第六十二条规定的精神病治疗和根据本法第六十三条规定的强制看护予以维持。

二、犯罪人、其近亲属和负责治疗犯罪人的机构专家可以申请停止刑事制裁。根据《患者和用户权利法案》第一条之三第一款第二项确定犯罪人的近亲属范围。检察机关将案件提交地区法院，由地区法院作出判决。案件的审理应加快进行。

三、在命令交付精神病治疗和强制看护的判决或拒绝停止刑事制裁的判决成为终审判决一年后，方可申请停止刑事制裁。对于本法第六十二条第二款所述的犯罪行为实施的特别制裁，在命令交付的判决或拒绝停止的判决成为终审判决之后的六个月内，不得申请停止刑事制裁。

四、检察机关可随时决定停止刑事制裁。在最后一项可执行判决作出后三年内，检察机关应决定停止刑事制裁，或将案件提交地区法院，由地区法院通过判决决定是否维持刑事制裁。针对本法第六十二条第二款所述的犯罪行为实施的特别制裁，应在判决命令交付精神病治疗或强制看护后三年内终止。

五、如果受到特别制裁的人被驱逐出或离开挪威，特别制裁将暂时停止。

如果该人返回挪威境内,检察机关应决定是维持刑事制裁还是停止刑事制裁。如果检察机关决定维持刑事制裁,并且自上一次作出可执行判决已经超过三年,检察机关应将案件提交地区法院,见第四款。

第十三章　没　收

第六十六条　没收与其他刑事制裁同时适用

本章规定的没收可以单独实施，也可以与刑罚或其他刑事制裁同时适用。

第六十七条　犯罪收益的没收

一、犯罪行为的任何收益应予以没收。可以没收收益的全部或部分价值。如果犯罪人不负刑事责任（见本法第二十条），或不应受到处罚，也应没收犯罪收益。如果没收明显不合理，则可减少或免除本条规定的责任。

二、任何代表收益、利润和其他利益的财产应被视为收益。犯罪过程中发生的费用不得扣除。如果无法确定收益金额，则应大致确定其金额。

三、法院或检察机关在没收的选择性处罚令状中可以决定没收的金额应减去犯罪人或对所造成的伤害负有责任的人向受害人支付的赔偿金额，并且没收的金额应全部或部分相当于犯罪收益。这同样适用于犯罪人履行了与刑事起诉有关的义务的情况。

四、在等值没收的情况下，见第一款第二句，可以规定将相应财产作为没收金额的担保。

第六十八条　扩大没收范围

一、如果犯罪人被认定犯有某种收益可能相当可观的犯罪行为，并且犯罪人已经犯下下列罪行，可以扩大没收范围：

（一）一种或多种犯罪行为，合并可判处六年或六年以上监禁；

（二）至少有一项可判处二年或二年以上监禁的犯罪行为，且犯罪人在实施该行为之前的五年内曾因犯有某种收益可能相当可观的犯罪行为而受到处

罚;或者

(三)第一项或第二项中规定的犯罪行为未遂。

不得根据本法第七十九条第二项和第三项扩大没收范围。

二、在扩大没收范围的情况下,属于犯罪人的所有财产均可被没收,除非犯罪人有证据证明上述财产是合法获得的。本法第六十七条第一款第二句和第四款相应适用。

三、在扩大没收范围的情况下,属于犯罪人现任或前任配偶的所有财产也可被没收,除非:

(一)财产是在婚姻缔结之前或婚姻解除之后获得的;

(二)财产是在扩大没收所依据的犯罪行为实施的五年前获得的;或者

(三)犯罪人有证据证明,财产是通过犯罪人本人实施的犯罪行为以外的其他方式获得的。

两个人以类似婚姻的关系长期生活在一起的情况被视为构成婚姻关系。

第六十九条　没收犯罪行为的产物、标的物或犯罪工具

一、犯罪没收的财产可以是:

(一)犯罪行为的产物;

(二)犯罪行为的标的物;或者

(三)用于或意图用于犯罪行为的物品。

刑事犯罪中可以没收犯罪人的财产。也可以不没收财产,而没收财产的全部或部分等值物。本法第六十七条第一款第三句和第四款相应适用。

二、权利、应收款和电子存储信息也被视为财产。

三、在确定是否应实施没收以及没收的范围时,应特别考虑没收是否为有效执行刑法规定所必需,以及危害行为和刑事处罚是否相称。在评估相称性时,除其他事项外,应考虑施加的其他制裁以及没收对没收对象的影响。

第七十条　预防性没收

一、如果由于财产的性质和其他情况,存在将其用于犯罪行为的明显风险,则可以没收财产。如果该财产适合用于人身攻击,则充分表明其具有被用于犯罪行为的风险。信息载体的没收,见本法第七十六条,只有在存在无法弥补的损害风险时才能实施。

二、可以采取措施防止该财产被用于犯罪，而不是没收财产。

三、本法第六十九条第二款相应适用。

四、根据第一款的规定，无论物品的所有权人是谁，均可实施没收。

第七十一条　没收的对象

一、本法第六十七条规定的犯罪收益的没收应针对因该行为而直接取得收益的人。应假定系犯罪人取得犯罪收益，除非在权衡各种可能性后证明系他人取得相关犯罪收益。

二、本法第六十八条规定的扩大没收应针对犯罪人实施。

三、本法第六十九条规定的没收应针对犯罪人或犯罪人所代表的人实施。本法第六十九条第一款第三项中规定的没收，可以没收全部或部分与财产价值相当的金额，也可以针对认识到或应当认识到财产将用于犯罪行为的财产所有人实施。

四、本法第七十条规定的没收应针对财产的占有或所有人。

第七十二条　与受让人的关系

一、如果本法第六十七条中规定的收益或本法第六十九条中规定的财产在行为发生后从可对其进行没收的人处转移，则如果转移行为是以赠与方式发生的，或受让人认识到或应当认识到犯罪行为与已发生的转移行为之间的联系，可以对受让人没收转移的财产或对应财产的价值。

二、如果可以根据本法第六十八条的规定实施扩大没收，且犯罪人已将财产转让给其近亲属，则如果检察机关权衡各种可能性后证明该财产是犯罪人犯罪所得，可以从受让人处没收该财产或对应财产的价值。但是，这不适用于在构成没收依据的犯罪行为实施前转让已超过五年的财产，也不适用于从有义务提供普通赡养费的人处获得的财产。

三、在没收犯罪人财产的情况下，如果本法第六十八条第三款规定的行为人的财产全部或部分被考虑在内，且该人根据本条规定履行了责任，则犯罪人的责任应相应减少。如果犯罪人依据本法第六十八条第二款的规定履行了责任，则针对犯罪人的任何进一步没收将导致受让人的责任相应减少。

四、本条第二款相应适用于转让对象为企业的情况，如果犯罪人：

（一）单独或与第二款规定的受让人共同拥有企业的大部分；

（二）获得企业收入的相当一部分；或者

（三）其管理职位对企业有重大影响。

五、同样的规定适用于在犯罪行为发生后，由可能被没收的人在财产上确立的权利，除非该权利是通过扣押留置、冻结令或法定留置确立的。

第七十三条　与权利持有人的关系

一、权利持有人存在下列情形的，以被没收的财产提供担保的权利可以全部或部分确定为失效：

（一）亲自实施了犯罪行为；

（二）犯罪人代表其行事；或者

（三）当该权利通过扣押留置、冻结令或法定留置以外的其他方式得到合法担保时，该人认识到或应当认识到该财产将被用于犯罪行为，或该财产可能被没收。

二、本法第六十七条第一款第三句相应适用。

第七十四条　没收不属于犯罪人的收益和财产的一般规则

一、当要求没收本法第六十七条和第六十八条规定的犯罪收益或本法第六十九条和第七十条规定的财产不属于犯罪人时，该要求是针对财产所有人或权利持有人提出的。当要求没收的是已被扣押的财产价值或因提供担保而免予扣押的财产价值时，同样适用。

二、在财产所有人或权利持有人未知或其在挪威的下落不明，且对财产所有人而言是合理的情况下，可在对犯罪人或在扣押时占有财产的人提起的诉讼中实施没收。当要求没收的是已被扣押的财产价值或因提供担保而免予扣押的财产价值时，同样适用。应尽可能将此事通知财产所有人。

三、如果犯罪人和占有人在挪威的下落不明，地区法院可依据第二款规定下达没收令，而不起诉任何人。

四、这些规则相应地适用于根据本法第七十二条第五款和第七十三条实施的没收。

第七十五条　没收的受益人

一、除非另有规定,否则没收应以国家为受益人。

二、在决定没收的地区法院作出的判决或随后发布的命令中,法院可决定将没收所得用于支付受害人提出的任何赔偿。

三、有关部门[1]可决定将没收所得分配给挪威以及一个或多个其他国家。在分配决定中,应重视相关国家在财产没收中发生的费用以及相关国家受损或收益的情况。根据本款进行的任何分割均不得减少受害人根据第二款提出的赔偿。

第七十六条　没收信息载体的特别规则

一、在本条中,“信息载体”指印刷文本或任何其他传递书面、视觉、听觉或电子存储信息的物品。

二、在没收信息载体时,必须说明哪些部分的内容有理由被没收。作为支付费用的回报,被没收的人可以要求获得未被没收部分的内容副本。

三、如果犯罪人不拥有计算机系统上的信息载体的所有权,而该信息载体是没收的对象,则该没收要求应针对数据处理系统的提供者。可要求提供者阻止犯罪人访问信息载体并删除属于犯罪人的内容。如果犯罪人拥有信息载体的所有权,可要求提供者阻止犯罪人对信息载体的访问并删除内容。

---

① 有关部门指挪威司法与公共安全部。——译者注

第十四章　关于刑事制裁的一般规则

第七十七条　加重处罚的情形

在量刑方面,下列情形的犯罪应特别考虑加重处罚:

(一)以特别危险或具有潜在严重危害的手段或方法实施的犯罪;

(二)使人的生命或健康处于危险之中,或造成福利损失的犯罪;

(三)主观上意图实施造成严重后果的犯罪或很容易造成更严重后果的犯罪;

(四)以不计后果的方式实施的犯罪;

(五)以有计划、有组织的方式实施的犯罪;

(六)由多人共同实施的犯罪;

(七)犯罪人利用或误导青少年、生活处境非常困难的人、精神残疾的人或与犯罪人有依赖关系的人实施的犯罪;

(八)犯罪行为对丧失自卫能力或特别容易受到刑事犯罪侵害的人造成了影响;

(九)基于某人的肤色、民族或种族、宗教或生活立场、同性恋倾向、身体残疾或其他与特别需要保护的群体相关的情况引发的犯罪;

(十)在公共服务过程中实施的或通过违反特别信任实施的犯罪;

(十一)由曾经因类似行为或与案件有关的其他行为而受过刑事制裁的人实施的犯罪;

(十二)在不满十五周岁儿童在场的情况下实施的犯罪。

第七十八条　减轻处罚的情形

在量刑方面,下列情形的犯罪应特别考虑减轻处罚:

(一)存在本法第八十条第二项、第三项、第四项、第五项、第九项或第十项[1]规定的情况或条件;

(二)犯罪人已经防止、扭转或降低了犯罪所造成的损害或福利损失,或试图这样做;

(三)犯罪在很大程度上是由受害方的情况引起的;

(四)犯罪人在实施犯罪行为时,由于精神失常、轻度精神残疾、意识受损或严重精神刺激,对现实的感知能力受到损害;

(五)犯罪行为发生在很久以前,或根据犯罪行为的性质,诉讼程序所耗费的时间超过了合理时间,且犯罪人本身并无过错;

(六)犯罪人已作出无保留的供认,或对破获其他犯罪作出了重大贡献;

(七)犯罪人本人受到犯罪的严重影响,或由于年老、疾病或其他情况,刑事制裁将给其带来沉重的负担;

(八)犯罪人具有改过自新的可能性;或者

(九)犯罪人在实施犯罪行为时不满十八周岁。

第七十九条　判处超过最高刑罚的处罚(多种犯罪、屡次犯罪、有组织犯罪)

如果存在下列第一项至第三项中的一种或多种情形,刑期可以增加一倍,但在任何情况下增加的刑期都不得超过六年,且增加后的总刑期不得超过二十一年。对于犯罪时不满十八周岁的人,刑期增加后的总刑期不得超过十五年:

(一)犯罪人通过一个或多个行为犯下多项罪行,应判处单一刑罚。刑期的增加应当以最严厉的刑法条款规定的最高刑罚计算。根据本条作出的判决不得超过最高刑罚的总和。根据本条增加的最高刑罚,仅在法律规定中明确指出该增加的最高刑罚具有法律效力时才具有意义。

(二)当一个曾经被定罪的人再次犯下与其之前在国内或国外被定罪的行为性质相同的犯罪行为时,应当增加最高刑罚,除非刑法条款本身另有规定。否则根据本条增加的最高刑罚,仅在法律规定中明确指出该增加的最高刑罚具

---

① 第七十八条的原文如此,但经核查第八十条原文,并没有第十项,根据原文的注释,此处应为“本法第八十条第二项、第三项、第四项、第五项、第八项和第九项”。——译者注

有法律效力时才具有意义。

上述规定只适用于犯罪人在实施前次犯罪行为时至少年满十八周岁，并在前次行为的刑罚全部或部分执行后才实施新犯罪的情况。如果新的犯罪行为的刑期超过一年，且自前次刑罚执行完毕后超过六年实施的，除非法律另有规定，否则上述规定不适用。如果新的犯罪行为的刑期为一年以下，则从前次犯罪行为执行完毕到新的犯罪行为实施不得超过二年。

（三）犯罪行为是作为有组织犯罪集团活动的一部分而实施的。

"有组织犯罪集团"是指三人或三人以上合作，其主要目的是实施可判处至少三年监禁的犯罪行为，或其活动的重要组成部分是实施此类犯罪。

除非另有规定，否则根据本条增加最高刑罚适用于对处罚限额赋予法律效力的规定。

第八十条　低于最低刑罚的处罚或较轻的处罚

在下列犯罪情形下，可将刑罚确定为低于刑法规定的最低刑罚或较轻的刑罚：

（一）在不知道自己被怀疑的情况下，在很大程度上防止或扭转了犯罪所造成的伤害；或彻底、坦白地供认罪行。

（二）因犯罪未遂而被判刑。

（三）基于与另一参与者的依赖关系而行动，或参与程度较轻。

（四）行为超出了下列正当行为的限度：

1. 紧急避险（见本法第十七条）；

2. 正当防卫（见本法第十八条）；或者

3. 自我救济（见本法第十九条）。

（五）出于义愤、被强迫或在迫切危险下采取行动。

（六）在行为发生时，由于严重的精神失常、精神残疾或意识受损，对现实的感知能力明显受损，但根据本法第二十条第二款的规定，不属于不应承担刑事责任的情况。

（七）根据本法第二十条第四款，在因自己导致的醉酒状态下或自我诱导的不承担刑事责任状态下行事，但有特别减轻处罚的情节。

(八)行为发生时不满十八周岁。

(九)在违反需要故意或重大过失才能构成犯罪的刑法规范时,因疏忽而无视法律。

第八十一条　可免除处罚的情形

在下列情形下,法院可以宣告行为人无罪:

(一)行为人在不知道自己被怀疑的情况下,在很大程度上防止或扭转了可处以罚金的罪行所造成的伤害;或者

(二)超出了下列正当行为的限度,并且有特殊原因证明应宣告无罪:

1. 紧急避险(见本法第十七条);

2. 正当防卫(见本法第十八条);或者

3. 自我救济(见本法第十九条)。

第八十二条　后续判决

一、在另一案件判决前所犯的数个罪行已经定罪的情况下,如果原本可以同时对所有的罪行进行判决,则应就这些罪行进行追加判决。本法第三十一条第二款、第三款第二句和第三句不适用。

二、在确定刑罚时,本法第七十九条相应适用。应考虑同时对所有罪行判决时应施加何种适当的刑罚,总的刑罚不得超过所有犯罪单独判刑的刑罚总和。

三、对于在另一案件判决之前和之后所犯罪行的定罪,通常对所有罪行进行合并判决。第二款第二句相应适用于在第一次判决之前实施的罪行。

四、在其他有正当依据的情况下也可以作出合并判决。第二款相应适用。

五、如果所判处的合并刑罚包括全部或部分已执行的先前刑罚,则应扣除已服刑的部分。

六、判决书应说明是追加判决还是合并判决。

第八十三条　羁押候审时间的扣除

一、被指控人因涉罪而被剥夺自由的时间应根据本条规定从刑罚中扣除。这也适用于在国外被剥夺自由的情况,或因被指控人被宣告无罪或案件被撤销而被剥夺自由的情况。

二、逮捕后被剥夺自由时间每日超过四小时的，扣除刑罚一日。如果在完全隔离的情况下被剥夺自由超过四小时，则应在犯罪人遭受完全隔离的每四十八小时后再扣除一日。因羁押候审而扣除的时间应在判决书或选择性处罚令状中列出。即使剥夺自由的时间比判处的刑罚略短，也可以认为刑罚已经全部执行完毕。

三、在判处部分缓刑的情况下，应首先从刑罚的直接执行部分中扣除羁押候审的时间。

四、在判处监禁刑并处罚金时，应首先从监禁刑中扣除羁押候审的时间。

五、在判处预防性拘留时，应从最低期限和全部期限中扣除全部羁押候审的时间。

六、在判处罚金刑时，应从监禁刑的替代刑中扣除羁押候审的时间，并按比例减少罚金。

七、在判处社区服务时，应从监禁刑的替代刑中扣除羁押候审的时间，并按比例减少社区服务的时长和执行期限。如果在判处社区服务的同时还判处监禁刑，则应首先从监禁刑的期限中扣除。

八、在判处青少年刑罚时，应从监禁刑的替代刑中扣除羁押候审的时间。

九、如果延期判决，判决书应说明被指控人是否因本案而被剥夺自由；如果是，应说明剥夺自由的时间。

第八十四条　已执行的国外刑罚的扣除

如针对某行为在国外已执行刑罚，而该行为在挪威也被判处刑罚，在国外已执行的刑罚应尽可能从挪威判处的刑罚中扣除。

第十五章　追诉时效等

第八十五条　时效期满后刑事责任的终止

根据本法第八十六条至第八十九条的规定，如果追诉时效期限已过，则不能对行为进行处罚。

第八十六条　追诉时效期限

一、刑事责任的追诉时效：

（一）如果规定的最高法定刑为罚金或一年以下监禁，追诉时效为二年；

（二）如果规定的最高法定刑为三年以下监禁，追诉时效为五年；

（三）如果规定的最高法定刑为十年以下监禁，追诉时效为十年；

（四）如果规定的最高法定刑为十五年以下监禁，追诉时效为十五年；

（五）如果规定的最高法定刑为二十一年以下监禁，追诉时效为二十五年。

二、在计算时效期限时，除罚金刑或监禁刑外，还可施加其他处罚，这不影响追诉时效的计算。

三、如果行为人的同一行为触犯数种罪行，且根据第一款规定这些罪行有不同的时效期限，则所有犯罪适用于最长的追诉时效期限。

第八十七条　追诉时效期限的起算

一、追诉时效应从犯罪行为终止之日起计算。但是，对违反本法第二百五十三条、第二百五十七条、第二百八十二条、第二百八十四条、第二百九十九条和第三百零二条的行为，时效期限应从受害一方当事人年满十八周岁之日起计算。

二、犯罪行为的刑事责任取决于犯罪行为的结果或受该结果影响时，追诉时效期限应从结果发生之日起计算。

三、如果犯罪行为发生在挪威领域外的挪威船舶上，追诉时效期限应从该船只抵达挪威港口之日起计算。但是，根据本款规定的追诉时效的起算日不得推迟超过一年。

第八十八条　追诉时效期间的中断

一、本法第八十六条规定的追诉时效期限在嫌疑人获得被指控人地位时中断，见《刑事诉讼法》第八十二条。如果指控通过庭外陈述或通过发布选择性处罚令状提出，则追诉时效期限在被指控人收到指控通知时中断。对于这种通知，《法院法》第一百四十六条第二款相应适用。

二、如果在《刑事诉讼法》第七十五条第二款规定的时限内，上级检察机关未撤销起诉决定而终止起诉，追诉时效中断即失去效力。当起诉被无限期中止时同样适用。在计算追诉时效期限是否届满时，应将起诉期间计算在内。这不适用于因被指控人逃避起诉而暂停起诉的情况。

第八十九条　企业刑事责任的追诉时效期限

一、适用于企业刑事责任的追诉时效期限应根据被违反的刑法规定中对个人的处罚计算。

二、如果代表企业行事的个人的追诉时效期限被中断，则该中断也适用于该企业。

第九十条　破产和债务清偿谈判期间的追诉时效中断

在依法进行破产或债务清偿谈判期间，违反本法第三百九十二条至第三百九十四条和第三十一章债权人的保护规定的追诉时效期限不计算在内。但是，根据本条规定，追诉时效期限的延长不得超过五年。

第九十一条　不受追诉时效限制的犯罪

犯灭绝种族罪、危害人类罪、战争罪和恐怖主义犯罪，如果可判处十五年或十五年以上监禁，则其刑事责任不受时效限制。违反本法第二百七十五条、第二百九十一条、第二百九十九条和第三百零二条规定的行为的刑事责任不受时效限制。如果因违反本法第三百五十五条规定的任何一种行为而导致他人死亡，其刑事责任也不受时效限制。

第九十二条 没收的时效期限

没收的时效适用本法第八十六条规定的时效期限，但时效期限不得少于五年。对于根据本法第六十七条和第六十八条实施的没收，时效期限不得少于十年。

第九十三条 判处监禁刑和社区服务的时效期限

一、判处的监禁刑在下列时效期限届满后失效：

（一）判处一年以下监禁的，经过五年；

（二）判处一年至四年监禁的，经过十年；

（三）判处四年至八年监禁的，经过十五年；

（四）判处八年至二十年监禁的，经过二十年；

（五）判处二十年以上监禁的，经过三十年。

二、根据本法第三十四条第一款第一句的规定，如果监禁刑部分缓期执行，缓期执行的刑罚和未缓期执行的刑罚的时效期限分别计算。

三、判处预防性拘留的追诉时效期限根据第一款的规定，以预防性拘留不得超过的最长期限为基础，见本法第四十三条第一款第一句和第二句。

四、判处社区服务的时效期限根据第一款的规定，以监禁刑的替代刑刑期为基础，见本法第四十九条第一款第二项。

五、在假释出狱的情况下，剩余刑罚的时效期限应根据剩余刑期计算。这同样也适用于以其他方式中断执行刑罚和中断社区服务的情况。

第九十四条 第九十三条规定的时效期限的起算

一、判处的监禁刑的时效期限，应从终审判决作出之日起计算。

二、如果犯罪人在另一案件中根据判决或社区服务被剥夺自由而无法开始执行刑罚，则时效期限不开始计算。

三、如果在假释后决定重新监禁以执行剩余刑罚，剩余刑罚的时效期限应从重新监禁决定最终确定之日起计算。如果不是因假释而中断执行，时效期限应从中断执行之日起计算。

四、社区服务的时效期限应从终审判决作出之日起计算。第二款和第三款第二句相应适用。这同样适用于本法第九十七条第三款。

五、如果判决因缓刑或赦免令而中止执行，中止期间不计算在时效期限内。

第九十五条　第九十三条规定的时效期限的中断

本法第九十三条规定的时效期限在开始执行判决时中断，或在为确保执行而逮捕犯罪人时中断。

第九十六条　不受时效限制的刑罚

如灭绝种族罪、危害人类罪、战争罪和恐怖主义犯罪可判处十五年以上监禁，则对这些行为施加处罚不受时效的限制。

第九十七条　判处罚金刑的时效期限

一、判处的罚金刑应在选择性处罚令状或判决可依法执行的十年后失效。

二、在罚金刑时效期限届满前设立的留置权、收益扣押或其他担保不受期限限制。

三、根据本法第五十五条判处的监禁刑，在终审判决生效之日起五年内未开始执行时，应予失效。如果犯罪人在另一案件中根据判决或社区服务被剥夺自由而无法开始执行刑罚，则时效期间不开始计算。

第九十八条　对不负刑事责任人员实施特别制裁的期限

对不负刑事责任人员实施的特别制裁，见本法第六十二条和第六十三条，在二十年后失效。本法第九十四条和第九十五条的规定在适当时相应适用。

第九十九条　没收令的时效期限

一、没收令应在选择性处罚令状或判决可依法执行的五年后失效。但是，对于没收犯罪收益，包括根据本法第六十八条进行的没收，时效期限应为十年。

二、在没收时效期限届满前设立的留置权、收益扣押或其他担保不受期限限制。

第一百条　犯罪人或刑事责任人死亡时，没收等刑事责任消灭

一、犯罪人死亡后，刑事责任即告消灭。

二、没收的刑事责任在刑事责任人死亡后消灭。在没收犯罪收益的情况下，包括根据本法第六十八条和第七十二条第二款没收犯罪收益的情况下，如果由初审法院作出没收令的裁决，或者由根据《刑事诉讼法》第十二条对此事具有管辖权的地区法院通过选择性处罚令状作出没收令的裁决，则仍可提起诉讼并执行没收令。法院可判处没收一笔款项而非物品。

第二编

犯罪行为

第十六章　灭绝种族罪、危害人类罪和战争罪

第一百零一条　灭绝种族罪

一、任何人实施下列行为，意图全部或部分灭绝某一民族、族裔、种族或宗教团体的，将因灭绝种族受到处罚：

（一）杀害该团体的一名或多名成员；

（二）致使该团体的一名或多名成员在身体上或精神上遭受严重伤害；

（三）故意使该团体的一名或多名成员处于旨在造成该团体全部或部分灭绝的生活条件下；

（四）对该团体的一名或多名成员采取旨在防止该团体内生育的措施；或者

（五）强迫转移该团体的一名或多名儿童至另一团体。

二、意图实现主要犯罪人的破坏性目的的，因对犯罪产生促进作用而足以受到处罚。

三、灭绝种族罪的刑罚为三十年以下监禁。

第一百零二条　危害人类罪

一、任何人实施下列广泛或有系统地针对任何平民人口的攻击行为的，将因危害人类罪受到处罚：

（一）谋杀；

（二）全部或部分灭绝人口，包括对全部人口或部分人口施加旨在全部或部分灭绝人口的生活条件；

（三）奴役；

（四）违反国际法，驱逐或强行迁移人口；

（五）违反国际法基本规则，以监禁或其他严重方式剥夺一个人的自由；

（六）对受其监护或控制的人实施酷刑，对其造成严重的精神或身体痛苦；

（七）强奸、性奴役、强迫卖淫、强迫怀孕、强迫绝育或严重程度相当的任何其他形式的性暴力；

（八）基于政治、种族、民族、族裔、文化、宗教、性别或其他违反国际法的理由，剥夺一个或多个可识别群体的基本人权，使该群体遭受迫害；

（九）代表国家或政治组织或在其同意、支持或允许下促成某人非自愿失踪，意图长期剥夺该人的法律保护；

（十）在基于一个种族群体对一个或多个其他种族群体进行系统压制和统治的制度化政权框架内，为维持该政权而采取与本条所述相同或类似的不人道行为，犯下种族隔离罪；或者

（十一）实施其他一些类似的不人道行为，对人的身体或健康造成巨大痛苦或严重伤害。

二、危害人类罪的刑罚为三十年以下监禁。

第一百零三条　针对个人的战争罪

一、任何人在武装冲突中犯有下列罪行的，应受处罚：

（一）杀害受保护人；

（二）给受保护人的身体或健康造成巨大痛苦或严重伤害，特别是通过酷刑或其他残忍或不人道的待遇；

（三）奴役受保护人；

（四）使受保护人遭受强奸、性奴役、强迫卖淫、强迫怀孕、强迫绝育或严重程度相当的任何其他形式的性暴力；

（五）将受保护人作为人质；

（六）征召或招募不满十八周岁的人加入武装部队或积极利用他们参与敌对行动；

（七）对受保护人进行不符合其利益的医学或科学实验，并对其生命或健康造成严重威胁；

（八）违反国际法，将受保护人从其合法居住的地区驱逐或强行迁移，或非法禁锢受保护人；

（九）在不按照国际法对受保护人进行公正审判的情况下，对其判处或执行刑罚；

（十）以侮辱性或有辱人格的待遇严重侵犯受保护人的尊严；或者

（十一）伤害已投降或无能力参加战斗的战斗人员。

二、在国际武装冲突中，任何一方如果有下列情形，也应该受到处罚：

（一）将本国部分平民转移到被占领地区；

（二）迫使敌方公民参加对其本国的战争行为；或者

（三）迫使受保护人在敌方的武装部队中服役。

三、受保护人是指没有或不再积极参加敌对行动的人，或以其他方式受国际法保护的人。

四、针对个人的战争罪的刑罚为十五年以下监禁，在第一款第一项至第五项规定的情况下为三十年以下监禁，或在罪行严重的情况下另作处罚。在确定是否属于罪行严重的情况时，应重视犯罪的潜在危害和有害影响等因素，以及犯罪是否作为计划或目标的一部分或作为大规模实施此类犯罪的一部分。

第一百零四条　侵犯财产和公民权利的战争罪

一、任何人在武装冲突中犯有下列罪行的，应受处罚：

（一）掠夺；

（二）大肆破坏、扣押或没收非战争目的所必需的财产；或者

（三）宣布取消或暂时搁置敌方公民的公民权利，或剥夺他们要求法院审查这些权利的机会。

二、对侵犯财产或公民权利的战争罪的刑罚为十年以下监禁；如果罪行严重，则最高可判处三十年监禁，见本法第一百零三条第四款第二句。

第一百零五条　破坏人道主义任务或特殊标志的战争罪

一、任何人在武装冲突中犯有下列罪行的，应受处罚：

（一）故意指令攻击依照《联合国宪章》执行的人道主义援助或维持和平行动的人员、设施、物资、单位或车辆，而这些人员和财产根据国际法有权作为平

民和民用财产受到保护；

(二)指令攻击按照国际法使用《日内瓦公约》及其附加议定书规定的受特别保护的特殊标志或表明其受《日内瓦公约》保护的其他识别手段的人员、建筑物、装备、医疗单位和运输工具；或者

(三)不当使用休战旗、敌方或联合国的旗帜、军事标志或制服，以及第二项中规定的受特别保护的特殊标志，致使人员死亡或重伤。

二、对破坏人道主义任务或特殊标志的战争罪的刑罚为十年以下监禁，在第一款第三项中规定的情况下为三十年以下监禁；如果罪行严重，则另作处罚，见本法第一百零三条第四款第二句。

第一百零六条　使用被禁止的作战方法犯下的战争罪

一、任何人在武装冲突中犯有下列罪行的，应受处罚：

(一)指令攻击一般平民或未直接参加敌对行动的个别平民；

(二)违反国际法，故意以断绝平民粮食作为战争方法，使平民无法取得其生存所必需的食品或物品，或妨碍救济物品的供应；

(三)故意发动攻击，明知这种攻击将附带造成平民伤亡或民用物体受损或致使自然环境遭受破坏，而这种破坏程度与预期得到的具体和直接的整体军事利益相比是过度的；

(四)利用受保护人的存在使某些地点、地区或武装部队免受军事攻击；

(五)指令攻击非军事目标的不设防城镇、村庄、住所或建筑物，或攻击非军事区；

(六)指令攻击专用于宗教、教育、艺术、科学或慈善事业的建筑物、历史纪念物、医院和伤病人员收容所，或攻击不属于军事目标的其他民用物体；

(七)使他人相信其有权获得国际法的保护或有义务根据国际法提供保护，并意图违背由此产生的信任，杀害或伤害敌方公民或敌方武装部队成员；或者

(八)宣告或威胁决不纳降。

二、使用被禁止的作战方法犯下的战争罪的刑罚为十五年以下监禁，如果行为涉及故意杀害平民或其他受保护人或其他严重罪行，则最高可判处三十年监禁，见本法第一百零三条第四款第二句。

第一百零七条　使用违禁战争手段犯下的战争罪

一、任何人在武装冲突中犯有下列罪行的，应受处罚：

（一）使用毒物或有毒武器；

（二）使用生物或化学武器；

（三）使用在人体内易于膨胀或变扁的子弹；或者

（四）使用其他违反国际法的战争手段。

二、使用违禁战争手段犯下的战争罪的刑罚为十五年以下监禁；如果行为涉及故意杀害平民或其他受保护的人或其他严重罪行，则最高可判处三十年监禁，见本法第一百零三条第四款第二句。

第一百零八条　共谋实施和煽动实施灭绝种族罪、危害人类罪和战争罪

任何人与他人共谋实施本法第一百零一条至第一百零七条规定的犯罪行为的，处十年以下监禁。这同样适用于直接和公开煽动任何人实施此类犯罪的行为人。

第一百零九条　上级领导的责任

一、军事或文职领导人或任何有效行使其职权的人，如果在其有效管辖和控制下的人犯下本法第一百零一条至第一百零七条规定的罪行，则应因违反上级领导的责任而受到处罚，前提是该罪行是由于领导人未能对其实行应有的控制，且该领导人：

（一）知道或本应知道下属已着手实施此类犯罪或犯罪即将发生；以及

（二）未能在其权力范围内采取必要和合理的措施预防或制止犯罪，或未向主管部门报告该犯罪行为以提起诉讼。

二、本罪的刑罚为十年以下监禁；如果罪行严重，则最高可判处三十年监禁。在确定罪行是否严重时，应着重考虑下属所犯罪行的严重性和范围，以及在多大程度上可以追究上级领导的责任。

第一百一十条　最低刑罚

根据本章规定判处的刑罚不得低于在没有第十六章的情况下应适用于被定罪人的行为的刑罚条款中规定的最低刑罚。

第十七章　保护挪威的自治权和其他基本国家利益

第一百一十一条　侵犯挪威的自治与和平

任何人通过使用武力、威胁或其他非法手段给挪威或挪威部分地区造成下列危险的，处十五年以下监禁：

（一）被并入另一个国家；

（二）被置于外国的统治之下；

（三）使在政治或军事上与挪威结盟的国家遭受战争或敌对行动；

（四）自治权受到实质性限制；或者

（五）被分裂。

第一百一十二条　侵犯挪威的自治与和平的加重犯

侵犯挪威自治与和平的加重犯的刑罚为二十一年以下监禁。在确定侵犯行为是否属于加重情形时，应特别考虑下列因素：

（一）是否对挪威造成了特别严重的后果；

（二）是否通过有组织的武装行动，利用对外国干预的恐惧或威胁实施；

（三）行为人是否是政府、议会或最高法院的成员，或国家最高文职或军事领导层的成员；

（四）该行为是否导致他人死亡或具有死亡风险。

第一百一十三条　侵犯挪威政体

任何人通过使用武力、威胁或其他非法手段造成挪威宪法可能被修改的风险的，处十五年以下监禁。

第一百一十四条　侵犯挪威政体的加重犯

侵犯挪威政体的加重犯的刑罚为二十一年以下监禁。在确定侵犯行为是否属于加重情形时,应特别考虑本法第一百一十二条第一项至第四项中规定的事项。

第一百一十五条　攻击最高国家机关

任何人以武力、威胁或其他非法手段使国王、摄政者、政府、议会、最高法院、弹劾法院或这些机构的成员在开展活动时受到阻碍或影响的,处十年以下监禁。

第一百一十六条　攻击最高国家机关的加重犯

攻击最高国家机关的加重犯的刑罚为二十一年以下监禁。在确定攻击行为是否属于加重情形时,应特别考虑本法第一百一十二条第一项至第四项中规定的事项。

第一百一十七条　干扰重要社会机构

任何人以武力、暴力、威胁或其他非法和有组织的手段干扰公权力机关、政党或媒体企业等重要社会机构的活动,从而危及重要公共利益的,处六年以下监禁。

第一百一十八条　干扰重要社会机构的加重犯

干扰重要社会机构的加重犯的刑罚为十五年以下监禁。在确定干扰行为是否属于加重情形时,应特别考虑本法第一百一十二条第一项至第四项中规定的事项。

第一百一十九条　叛国

一、任何人在挪威领土上发生战争、占领、国际武装冲突或有明显相关危险时,协助敌方或占领国对抗挪威或损害挪威防御能力的,处十年以下监禁。

二、同样的处罚也适用于任何损害与挪威在政治或军事上结盟的国家的防御能力的人。

第一百二十条　叛国的加重犯

叛国的加重犯的刑罚为二十一年以下监禁。在确定叛国是否属于加重情形时,应特别考虑本法第一百一十二条第一项、第三项、第四项中规定的事项。

第一百二十条之一　攻击挪威军队及其盟军

任何人非法携带武器参与针对挪威军队的军事行动的，处十年以下监禁。同样的处罚也适用于任何针对挪威盟军采取这种行为的人。

第一百二十条之二　攻击挪威军队及其盟军的加重犯

攻击挪威军队及其盟军的加重犯的刑罚为十五年以下监禁。在确定攻击行为是否属于加重情形时，应特别考虑攻击是否对挪威军队或盟军造成严重后果，是否通过有组织的武装行动实施，以及是否造成他人死亡或具有死亡风险。

第一百二十一条　针对国家秘密的情报收集活动

任何人为了外国或恐怖活动组织的利益，或无正当理由，收集或获得秘密信息，而该秘密信息如果被相关国家或恐怖活动组织知悉，或以其他方式泄露，可能损害与下列方面有关的国家基本利益的，处罚金或三年以下监禁：

（一）国防、国家安全和公共安全事项；

（二）最高国家机关的活动、安全或行动自由；

（三）与其他国家的关系；

（四）外国外交使团的安全安排以及与国家和国际重大活动有关的安全安排；

（五）公共基础设施，如食品供应、水供应、能源供应、运输和电信、医疗服务或银行和货币系统；或者

（六）挪威的自然资源。

第一百二十二条　针对国家秘密的情报收集活动的加重犯

针对国家秘密的情报收集活动的加重犯的刑罚为十年以下监禁。在确定情报收集活动是否属于加重情形时，应特别考虑下列因素：

（一）行为人是否是政府、议会或最高法院的成员，或国家最高文职或军事领导层的成员；

（二）行为人是否打算将信息透露给外国或恐怖活动组织；或者

（三）泄露秘密信息是否会造成严重损害。

第一百二十三条　泄露国家秘密

任何人无正当理由公开、移交或以其他方式泄露可能损害本法第一百二十

一条规定的国家基本利益的秘密信息的,处罚金或三年以下监禁。任何人向外国或恐怖活动组织披露此类信息的,均被视为无正当理由。

第一百二十四条　泄露国家秘密的加重犯

泄露国家秘密的加重犯的刑罚为十五年以下监禁。在确定泄露行为是否属于加重情形时,应特别考虑下列因素:

(一)行为人是否是政府、议会或最高法院的成员,或国家最高文职或军事领导层的成员;

(二)秘密是否是在提供服务或工作过程中获知的;

(三)秘密是否已被泄露给外国或恐怖活动组织;

(四)是否造成了严重损害。

第一百二十五条　过失泄露国家秘密

任何人因过失而泄露国家秘密的,处罚金或二年以下监禁。

第一百二十六条　其他非法收集国家秘密的行为

任何人在挪威境内为外国或恐怖活动组织的利益实施下列行为的,处罚金或三年以下监禁:

(一)收集有关个人情况的信息,而这些信息的传播可能威胁到他人的生命、健康、自由或财产;或者

(二)收集其他可能损害国家安全利益的信息。

第一百二十七条　共谋违反挪威的自治和宪法等

任何人与他人共谋实施本法第一百一十一条至第一百二十条之一、第一百二十三条或第一百二十四条规定的犯罪行为的,处六年以下监禁。

第一百二十八条　非法军事活动

任何人在挪威境内组建军事性质的私人组织,参与、招募成员或为该组织提供财政或其他物质支持的,处罚金或三年以下监禁。同样的处罚也适用于任何在挪威境内代表外国招募人员从事军事活动的人。

第一百二十九条　对参与具有政治目的的暴力组织等的处罚

一、任何人为某组织实施组织、参与、招募成员的行为或提供资金、其他物质支持,而该组织的目的是通过蓄意破坏、暴力或威胁实施本法第一百一十一

条至第一百二十条规定的行为或以其他方式扰乱社会秩序或影响公共事务，且该组织已采取步骤通过非法手段实现其目的的，处六年以下监禁。

二、帮助行为不应受处罚。

第十八章　恐怖主义行为以及与恐怖主义有关的行为

第一百三十一条　恐怖主义行为

一、实施本法第一百三十八条至第一百四十一条、第一百四十二条第一款、第一百四十三条、第一百四十四条、第一百九十二条、第二百三十八条至第二百四十条、第二百五十五条、第二百五十七条、第二百七十四条、第二百七十五条和第三百五十五条规定的犯罪行为,且具有第二款规定的恐怖主义意图的,则被视为构成恐怖主义行为,处二十一年以下监禁。

二、如果第一款所述的行为是出于下列目的而实施,则被视为存在恐怖主义意图:

(一)严重扰乱对社会运转至关重要的职能,如针对立法、行政或司法机构,能源、食品或水的可靠供应,银行和金融系统,医疗服务以及疾病控制等实施犯罪行为;

(二)在民众中造成严重恐慌;或者

(三)不正当迫使公权力机关或政府间组织执行、服从或不执行对该国或该组织或对另一国或政府间组织具有重大意义的事务。

三、任何人如果意图实施第一款或本法第一百三十二条规定的罪行,并且实施了促进和推动实施犯罪的行为,应按犯罪未遂处罚。对未遂犯罪行为的处罚要比对既遂犯罪行为的处罚更轻。本法第十六条第二款相应适用。

四、本罪的处罚不得低于第一款规定的最低刑罚。

第一百三十二条　恐怖主义行为的加重犯

对恐怖主义行为的加重犯的处罚为三十年以下监禁。在确定恐怖主义行为是否属于加重情形时，应特别考虑下列因素：

（一）是否造成数人死亡，或对财产或环境造成大规模的破坏，或导致产生特别高的死亡或破坏风险；

（二）是否使用特别有害的手段；

（三）是否由一个因其职位而享有特殊信任的人实施，而这种信任可被利用实施恐怖主义行为。

第一百三十三条　共谋实施恐怖主义行为

一、任何人通过与他人共谋，计划或准备实施本法第一百三十一条、第一百三十八条、第一百三十九条、第一百四十一条、第一百四十一条之一、第一百四十二条、第一百四十三条或第一百四十四条规定的犯罪行为的，处十年以下监禁。

二、任何人与他人共谋实施本法第一百三十七条或第一百四十条规定的犯罪行为的，处三年以下监禁。

第一百三十四条　威胁实施恐怖主义行为

一、任何人威胁实施本法第一百三十一条或第一百三十七条至第一百四十四条规定的犯罪行为的，处十年以下监禁。

二、如果威胁行为导致了本法第一百三十一条第二款所述结果，处二十一年以下监禁。

第一百三十五条　资助恐怖主义行为

一、任何人非法提供、接收、发送、采购、筹集资金或其他资产，意图或明知这些资产将全部或部分用于下列目的的，处十年以下监禁：

（一）实施本法第一百三十一条、第一百三十四条、第一百三十六条之二或第一百三十七条至第一百四十四条规定的犯罪行为；

（二）实施本法第一百三十一条、第一百三十四条、第一百三十六条之二或第一百三十七条至第一百四十四条规定的犯罪行为，且实施资助行为的个人或团体已采取措施以非法手段实现该目的；

（三）由第二项所述人员拥有或控制的企业实施资助行为；或者

（四）代表第二项所述人员行事的企业或个人实施资助行为，或按照第二项所述人员的指示行事的企业或个人实施资助行为。

二、任何人向第一款第二项、第三项或第四项中规定的个人或企业提供银行或其他金融服务的，适用同样的处罚。

第一百三十六条　煽动恐怖主义行为；为恐怖主义行为招募和培训人员

任何人有下列行为的，处六年以下监禁：

（一）公开煽动他人实施本法第一百三十一条、第一百三十四条、第一百三十五条或第一百三十七条至第一百四十四条规定的犯罪行为；

（二）招募他人实施本法第一百三十一条、第一百三十四条、第一百三十五条或第一百三十七条至第一百四十四条规定的犯罪行为；

（三）提供特别适合实施或有助于实施本法第一百三十一条、第一百三十四条、第一百三十五条或第一百三十七条至第一百四十四条规定的犯罪行为的方法或技术的培训，目的是将这些技能用于恐怖主义活动；或者

（四）接受特别适合实施或有助于实施本法第一百三十一条、第一百三十四条、第一百三十五条或第一百三十七条至第一百四十四条规定的犯罪行为的方法或技术培训，意图将这些技能用于恐怖主义活动，或在接受培训时考虑到此类用途。

第一百三十六条之一　对参与恐怖活动组织等行为的处罚

一、在恐怖活动组织已采取步骤以非法手段实现恐怖主义目的的情况下，任何人组织、参与、招募成员或为恐怖活动组织提供资金或其他物质支持的，处六年以下监禁。

二、帮助行为不应受到处罚。

第一百三十六条之二　跨境实施恐怖主义活动

任何人前往另一国家，意图实施、计划或准备实施本法第一百三十一条、第一百三十四条至第一百四十四条规定的犯罪行为的，处六年以下监禁。

第一百三十七条　协助逃避对恐怖主义行为的处罚

一、任何人运输、藏匿或以其他方式帮助犯有本法第一百三十一条、第一百三十四条、第一百三十五条或第一百三十八条至第一百四十四条规定的犯罪行为的人逃避起诉或处罚的，处六年以下监禁。

二、任何人向其近亲属提供第一款规定的帮助行为的，不应受到处罚。

第一百三十八条　恐怖主义爆炸

任何人向公共场所、国家或公共设备、公共基础设施或公共交通系统发送、放置、发射、引爆炸药或其他潜在的致命装置，意图造成人员伤亡或对人身、财产或环境造成严重损害的，处二十一年以下监禁。

第一百三十九条　劫持飞机、船舶或类似行为

任何人以暴力、威胁、技术或其他非法手段强行控制正在运行的飞机或船舶或干扰飞机、船舶的飞行或航程的，处二十一年以下监禁。任何人以此类手段强行控制大陆架上的装置或设施的，适用同样的处罚。

第一百四十条　干扰飞机、船舶或类似物的安全运行

任何人以暴力、毁坏财产、传递错误信息或其他方式扰乱飞机、机场、船舶或大陆架上的装置或设施的安全运行，从而造成人员伤亡或给人身、财产或环境造成严重损害的风险的，处六年以下监禁。

第一百四十一条　在飞机、船舶或类似设施上使用和释放危险物质

任何人通过下列方式造成人员伤亡或对人身、财产或环境造成严重损害的风险的，处十五年以下监禁：

（一）在飞机、船舶或大陆架上的装置或设施上使用或针对装置和设施使用爆炸性或放射性材料、生物或化学武器；或者

（二）从飞机、船舶或大陆架上的装置或设施中释放爆炸性或放射性材料、生物或化学武器、石油、液体天然气或其他有毒有害物质。

第一百四十一条之一　危险使用飞机或船舶

任何人操作或使用飞机或船舶，意图造成人员伤亡或对人身、财产或环境造成严重损害的，处十五年以下监禁。

第一百四十二条　非法使用危险物质等

一、任何人意图造成人员伤亡或对人身、财产或环境造成严重损害，并有下列情形的，处二十一年以下监禁：

（一）使用爆炸性或放射性材料、生物或化学武器、核装置或放射性装置；或者

（二）使用或破坏核设施，或破坏核设施的运作，从而可能导致核辐射或放射性材料的释放。

二、任何人意图迫使他人执行、服从或不执行某事而非法实施下列行为的，适用同样的处罚：

（一）使用爆炸性或放射性材料、生物或化学武器、核装置或放射性装置；或者

（二）使用或破坏核设施，或破坏核设施的运作，从而可能导致核辐射或放射性材料的释放。

三、任何人非法接收、拥有、传播、运输或以其他非法方式处置下列物品的，处十五年以下监禁：

（一）爆炸性或放射性材料，核装置或放射性装置，如果该材料或装置将用于强迫他人执行、服从或不执行某事，或用于造成人员伤亡或对人身、财产或环境造成严重损害风险的行动；或者

（二）放射性、生物或化学武器，或专门为制造、使用、生产或运载核材料而制造或准备的设备或部件，如果这些设备或部件将用于非法核活动。

四、任何人有下列行为的，处十年以下监禁：

（一）通过威胁、暴力、盗窃、挪用、欺诈或其他非法手段试图获得放射性材料、化学或生物武器、核装置、放射性装置或核设施；或者

（二）非法携带、寄送或移动放射性材料进入或离开一个国家。

第一百四十三条　为恐怖主义目的劫持人质

任何人剥夺他人自由，并威胁杀害或伤害人质或继续剥夺自由，意图迫使他人执行、服从或不执行某事的，处十二年以下监禁。

第一百四十四条　攻击受国际保护人员

一、任何人在国家元首、政府首脑、外交部部长或任何其他受国际保护人员的人身处母国境外时杀害该人的，处二十一年以下监禁。

二、任何人剥夺受国际保护人员的自由或对其进行人身伤害，或对其工作场所、住所或交通工具进行暴力攻击，并造成其死亡或严重身体伤害的，处十五年以下监禁。

第一百四十五条　参与国外武装冲突中的军事活动

一、任何人非法参与国外武装冲突中的军事活动的，处六年以下监禁，除非该人是代表政府武装参与。

二、任何人意图实施第一款规定的罪行，并开始前往该地区或实施其他便利和推动实施该罪行的行为的，应以未遂罪处罚。对未遂犯罪行为的处罚要比对既遂犯罪行为的处罚更轻。本法第十六条第二款相应适用。

第一百四十六条　为军事活动招募人员

任何人招募他人参与非法军事活动的，见本法第一百四十五条，处三年以下监禁。

第十九章　公权力和公权力信赖的保护

第一百五十一条　收买选票和对投票施加不正当的影响

一、任何人实施下列与公共选举有关的行为的，处罚金或二年以下监禁：

（一）通过威胁或其他非法手段试图影响他人的投票；

（二）通过提供或同意提供利益，试图确保他人承诺以特定方式投票或弃权；或者

（三）以某种方式导致另一个人无意中放弃投票或以不同于预期的方式投票。

二、“公共选举”是指普选，或根据2002年6月28日关于议会和地方政府选举的第57号法案进行的选举，或根据1987年6月12日关于萨米议会和其他萨米法律事务的第56号法案第二章进行的选举。

第一百五十二条　出售选票

任何人基于已收受的利益或商定的利益承诺在公共选举中以特定方式投票或弃权的，处罚金或六个月以下监禁。

第一百五十三条　非法参与选举

任何人无权投票但在公共选举中投票，或以他人名义投票或投票超过一次的，处罚金或一年以下监禁。

第一百五十四条　对选举结果的事后干预

任何人在公共选举中错误地计算选票、删除或更改已投选票、增加未投选票或以其他方式干扰计票结果的，处罚金或三年以下监禁。

第一百五十五条　针对公职人员的暴力或威胁

一、任何人通过暴力或威胁手段致使公职人员执行或不执行公务，或试图达到前述目的的，处罚金或三年以下监禁。

二、“公职人员”是指任何代表中央或地方政府行使公权力的人，或因其职位而拥有这种权力的人。“公职人员”包括军事警卫、任何在执行任务过程中或应要求向公职人员提供协助的人，以及在公职人员工作场所提供安全保护的人。

三、第一款也适用于针对国际刑事法院官员的犯罪。

四、在符合互惠原则的条件下，国王可以决定第一款也适用于针对另一国家公权力机关的官员或挪威已经或将要参加的政府间组织工作的官员所犯的罪行。

第一百五十六条　妨碍公职人员执行公务

一、任何人妨碍公职人员执行公务，例如拒绝公职人员进入有权进入的场所的，处罚金或六个月以下监禁。

二、任何人在公职人员履行职责期间以辱骂或其他不当行为对其进行侮辱的，处罚金。

第一百五十七条　妨害司法

一、任何人通过暴力、威胁、破坏或其他非法手段对司法参与者或其任何近亲属实施下列行为的，处六年以下监禁：

（一）以可能影响司法参与者执行或不执行与刑事或民事案件相关的行为、工作或服务的方式行事；或者

（二）对司法参与者在刑事或民事案件中的行为、工作或服务进行报复。

二、“司法参与者”是指下列任何人员：

（一）刑事案件中的受害方，其举报了刑事犯罪，或在民事案件中提起了诉讼；

（二）向警方、检察机关、法院、惩教机构或挪威刑事案件审查委员会提供过证据；

（三）为第二项中规定的机构工作或提供服务的人；

(四)常任或指定的辩护律师、受害方的律师或诉讼律师;或者

(五)正在考虑从事这种行为或接受这种工作或服务的人。

三、第一款相应适用于国际刑事法院的官员。

第一百五十八条　妨害司法的加重犯

一、妨害司法的加重犯的刑罚为十年以下监禁。在确定妨害行为是否属于加重情形时,应特别考虑妨害行为是否使他人的生命或健康受到威胁,或是否由多人共同实施或以系统或有组织的方式多次实施。

二、如果妨害行为是作为有组织犯罪集团活动的一部分而实施,或如果该行为是在使用或威胁使用武器的情况下实施,处一年以上监禁。

第一百五十九条　因重大过失妨害司法

对因重大过失妨害司法的行为,处罚金或三年以下监禁。

第一百六十条　篡改证据和逃避起诉等

一、任何人参与销毁、移除、破坏、更改、植入或捏造可能构成证据的物品,或通过其他方式销毁行为痕迹,以妨碍官方对犯罪进行调查的,处罚金或二年以下监禁。

二、同样的处罚也适用于任何帮助他人逃避起诉的人,例如,将他人隐匿或伪装成另一个人。

三、第一款规定的处罚不适用于任何试图逃避起诉的人。第二款规定的处罚不适用于任何使其近亲属逃避起诉的人。

四、任何人非法接触被羁押人员或非法为其购买物品的,处罚金或六个月以下监禁。

五、第一款至第四款的规定相应适用于国际刑事法院管辖下的案件起诉。

第一百六十一条　逃避处罚等

一、任何人协助已被判处监禁刑或特别制裁的人逃避执行刑罚的,处罚金或三年以下监禁。

二、任何人逃避执行已判处的监禁刑的,处罚金或六个月以下监禁。同样的处罚也适用于任何非法与被监禁者接触或非法为其购买物品的人。

第一百六十二条　违反身份证明的义务

任何人在相关机构履行职责时未向法警、警察或其他公权力机关说明自己的姓名、出生日期、出生年份、职位或地址等信息，处罚金。同样的处罚也适用于提供有关自己或他人的此类错误信息的任何人。

第一百六十三条　违反报告死亡事件的义务

一、任何人发现尸体而没有立即通知死者的近亲属或警察的，处罚金。

二、如果有理由相信死亡是犯罪行为所致，应立即通知警方。任何人未能通知警方的，处罚金。

第一百六十四条　非法行使公权力

任何人未经授权而行使公权力，或实施只能由公职人员实施的行为的，处罚金或一年以下监禁。

第一百六十五条　滥用公共制服、特殊标志或头衔等

任何人有下列行为的，处罚金或六个月以下监禁：

（一）通过未经授权使用制服或其他手段，公开假装拥有公权力，从而可能给他人造成不便或削弱他人对公权力的信任；

（二）未经授权使用挪威或外国官方徽章、标志或印章，或容易与之混淆的物品；或者

（三）未经授权公开或非法使用挪威或外国官方头衔。

第一百六十六条　滥用国际特殊标志

任何人未经授权非法实施下列行为的，处罚金或六个月以下监禁：

（一）公开使用国际组织在国内外获得承认或普遍使用的名称，或挪威作为其成员的国际组织使用的标志或印章，或挪威根据国际条约有义务保护其不被使用的标志或印章；

（二）使用根据对挪威有约束力的国际条约的规定用于援助伤病员或保护战争中的文化财产的特殊标志或名称；或者

（三）未经授权使用容易与第一项和第二项规定的内容相混淆的名称、标记、印章或特殊标志。

第一百六十七条　非法从事职业或经营企业

任何人在未持有必要的官方许可或授权的情况下从事某一职业或经营某一企业，或谎称持有此类许可或授权的，处罚金或六个月以下监禁。

第一百六十八条　违反禁止令和限制令或冻结资产的决定

任何人实施下列行为的，处罚金或一年以下监禁：

（一）被定罪后被驱逐到或驱逐出挪威的某些地区，但仍非法返回被禁止进入的地方，或以其他方式违反根据本法第五十七条发出的禁止令；

（二）违反了根据《刑事诉讼法》第二百二十二条之一或第二百二十二条之二发出的禁令；

（三）因故意或重大过失阻碍根据本法第五十七条实施的电子监控，或阻碍正在进行的监控；或者

（四）违反《警察法》第十七条之十一第一款规定的提供信息的义务，或违反《警察法》第十七条之十一第二款规定的禁止令。

第一百六十九条　妨碍法律执行

一、任何人实施下列行为的，处罚金或六个月以下监禁：

（一）非法销毁、损坏、藏匿、携带或处置被扣押、抵押、冻结的物品；

（二）毁损公权力机关加盖的印章；或者

（三）阻挠执行与不动产或船舶有关的驱逐令。

二、对于某种犯罪行为，如果没有更严厉的法律的约束，则对于任何违反普通或特殊执行机构的命令，故意或过失未能实施下列行为的人适用同样的处罚：

（一）根据《索赔清偿法》第二条之八第一款第一项至第四项规定扣除索赔款项；或者

（二）按照命令支付根据第二款第一项规定的已扣除的索赔款。

第一百七十条　违反法院判决

任何人实施下列行为的，处罚金或六个月以下监禁：

（一）违反法院规定的禁令；

（二）行使被终审判决剥夺的权利；或者

（三）印刷、出售、出租或试图传播属于本法第七十六条规定的信息载体的内容，该信息载体因违反本法第一百八十五条或第二百六十七条而被扣押或没收，或因其他原因被宣布查封或没收不满十五年。

第一百七十一条　职业不当行为

任何人行使或协助行使公权力并严重违反其公务职责的，处罚金或二年以下监禁。

第一百七十二条　重大过失的职业不当行为

对重大过失的职业不当行为，处罚金或一年以下监禁。

第一百七十三条　滥用公权力

任何人在行使公权力时有下列情形的，处六年以下监禁：

（一）在违背其合理判断的情况下严重违反公务职责；

（二）违反公务职责，意图为自己或他人谋取利益；

（三）违反公务职责，导致严重的不利条件、伤害或非法剥夺自由；或者

（四）以其他方式滥用公权力。

第一百七十四条　酷刑

一、任何公职人员出于下列原因给他人造成伤害或严重的身体或精神痛苦的，处十五年以下监禁：

（一）意图获得信息或供词；

（二）意图处罚、威胁或强迫他人；或者

（三）因为该人的肤色、民族或种族、宗教或生活立场、同性恋倾向、身体残疾或性别。

二、在本条中，“公职人员”是指符合下列条件的人员：

（一）在中央或地方政府任职；或者

（二）受中央或地方政府聘用，从事某项服务或工作。

三、如果一个人在公职人员的煽动下，或在公职人员的明示或默示同意下，实施第一款规定的行为，也被视为构成本罪。

第一百七十五条　酷刑的加重犯

一、酷刑的加重犯的刑罚为二十一年以下监禁。

二、在确定酷刑是否属于加重情形时，应特别考虑是否造成了生命损失或生命危险。

第一百七十五条之一　强迫失踪

一、任何人代表国家或在国家允许、支持或同意下促成强迫失踪的，处十五年以下监禁。“强迫失踪”系指逮捕、拘留、绑架或以其他方式剥夺他人自由，同时否认剥夺自由的事实，或对被剥夺自由者的遭遇或下落保密，从而剥夺了对该人的法律保护。

二、同样的处罚也适用于下列情形的上级领导：

（一）因故意或过失而忽视在其有效管辖和控制下的人正在实施或准备实施强迫失踪犯罪的信息；以及

（二）没有采取必要和合理的措施防止或制止强迫失踪犯罪，或没有向主管机关报告此事。

第一百七十五条之二　强迫失踪的加重犯

一、强迫失踪的加重犯的刑罚为二十一年以下监禁。

二、在确定强迫失踪是否加重处罚时，应特别考虑到：

（一）受害人是否因失踪而死亡，或其身体或健康受到严重伤害；

（二）受害人是否生病或受伤，是否怀孕，是否是未成年人，是否有残疾或在其他方面特别脆弱；或者

（三）受害人是否遭受了数人共同实施的人身攻击或强奸。

第一百七十六条　进入禁止区域

任何人进入当局禁止进入的区域的，处罚金。

第二十章　保护公共和平、秩序和安全

第一百八十一条　妨害治安

一、任何人以打斗、喧哗或其他不当行为扰乱下列秩序的，处罚金或六个月以下监禁：

（一）社会安宁和公共秩序；

（二）合法交通；

（三）邻近地区的夜间和平与宁静；或者

（四）在被命令离开后仍非法停留在某一地点的附近。

二、由于自身原因处于醉酒状态的人如果骚扰或威胁他人，适用同样的处罚。

第一百八十二条　骚乱

一、任何人参与大范围妨害治安的活动，意图对他人使用暴力或造成财产损失或以此相威胁，并且不遵守公权力机关的命令离开某一地区的，处罚金或一年以下监禁。

二、任何人煽动或领导大范围妨害治安的活动，意图对他人使用暴力或造成财产损失或以此相威胁的，处罚金或三年以下监禁。任何人在骚乱中实施了属于意图范围内的犯罪行为，或者实施了针对公权力机关的犯罪行为，如果相关法条规定的刑罚比处罚金或三年以下监禁更加严厉，则处该刑罚条款中的最高刑罚。

第一百八十三条　煽动犯罪行为

任何人公开煽动他人实施犯罪行为的，处罚金或三年以下监禁。

第一百八十四条　针对外国公共秩序的犯罪

任何人在挪威境内通过下列行为侵犯外国的，处罚金或一年以下监禁：

（一）对该国代表实施暴力、威胁或攻击性行为；或者

（二）侵入、损坏或污损该代表使用的任何区域、建筑物或房间。

第一百八十五条　发表仇恨言论

一、任何人因故意或重大过失公开发表歧视性或仇恨性言论的，处罚金或三年以下监禁。“言论”包括符号的使用。任何人在他人在场的情况下，因故意或重大过失向受其影响的人发表此种言论（见第二款）的，处罚金或一年以下监禁。

二、“歧视性或仇恨性言论”是指基于下列原因威胁或侮辱他人，或宣扬对他人的仇恨、迫害或蔑视：

（一）肤色、民族或种族；

（二）宗教或生活立场；

（三）同性恋倾向；或者

（四）身体残疾。

第一百八十六条　歧视

一、任何人在商业或类似活动中基于下列原因拒绝向他人提供商品或服务的，处罚金或六个月以下监禁：

（一）肤色、民族或种族；

（二）宗教或生活立场；

（三）同性恋倾向；或者

（四）身体残疾，前提是拒绝并非由于他人缺乏身体适应能力。

二、任何人以这种理由拒绝他人参加公共表演、展览或其他集会的，适用同样的处罚。

第一百八十七条　虚假警报

一、任何人因故意或重大过失而作出虚假报告、毫无根据的呼救、滥用遇险信号或类似行为，导致下列后果的，处罚金或六个月以下监禁：

（一）警察、消防部门、救护车、医生或武装部队出动；

(二)应救援协调中心或当地救援中心的要求进行部署;

(三)大量人员聚集或恐惧。

二、任何人提供虚假信息,可能导致对他人生命或健康的担忧或破坏总体和平与秩序的,适用同样的处罚。

第一百八十八条　过失处理火器或爆炸物

任何人在制造、生产、使用、处理或储存火器、弹药、爆炸品或其他爆炸性材料的过程中存在过失,可能对他人的生命和健康造成危险的,处罚金或一年以下监禁。

第一百八十九条　在公共场所非法携带武器

一、任何人在公共场所因故意或重大过失携带下列物品的,处罚金或者一年以下监禁:

(一)枪支;

(二)以空气或弹簧为动力的枪支;

(三)容易与枪支相混淆的仿制枪支;或者

(四)根据1961年6月9日第1号《枪支法》第一条第二款的规定永久禁用的枪支。

二、任何人在公共场所携带刀具或类似锋利工具,而且这些工具可以对他人实施人身攻击的,适用同样的处罚。

三、第一款和第二款的禁止规定不适用于因工作、户外生活或其他合法目的而使用、携带或运输枪支、刀具或其他工具的情况。

第一百八十九条之一　在公共场所非法携带武器的加重犯

一、在公共场所非法携带武器的加重犯的刑罚为罚金或三年以下监禁。

二、在确定这种携带行为是否属于加重情形时,应特别考虑下列因素:

(一)违法行为涉及的枪支类型;

(二)该枪支是否已上膛或很容易上膛;以及

(三)这种携带行为是否因其他原因而特别危险或对社会有害。

第一百九十条　非法使用枪支、枪支部件、爆炸物和爆炸物前体

一、任何人因故意或重大过失,屡次或严重违反《枪支法》或根据《枪支法》

发出的相应命令中关于非法进口、出口、处置、获取或拥有枪支、枪支部件或弹药的规定的,处罚金或二年以下监禁。

二、任何人因故意或重大过失,多次或严重违反《枪支法》第五条、第十九条、第二十条或第二十条之一中有关预防火灾、爆炸、涉及危险物质的事故和消防服务的规定或据此发布的规定的,适用同样的处罚。

第一百九十一条 非法使用枪支、枪支部件、爆炸物和爆炸物前体的加重犯

一、非法使用枪支、枪支部件、爆炸物和爆炸物前体的加重犯的刑罚为罚金或六年以下监禁。

二、在确定行为是否属于加重情形时,应特别考虑下列因素:

(一)违法行为的性质和规模;以及

(二)是否因其他原因而特别危险或对社会有害。

第一百九十一条之一 携带枪支或爆炸物并意图实施犯罪

任何人意图实施犯罪行为而获取、制造或储存下列物品的,处六年以下监禁:

(一)枪支、枪支部件、弹药或爆炸物;或者

(二)对制造或使用第一项中规定的物品具有重要意义的单独或集合部件、设备或其他物品。

第一百九十一条之二 携带枪支或爆炸物并意图实施犯罪的加重犯

一、对违反本法第一百九十一条之一的加重犯的刑罚为十年以下监禁。

二、在确定违法行为是否属于加重情形时,应特别考虑本法第一百九十一条之一所述的犯罪行为的目的是否为:

(一)对人身、财产或环境造成严重损害;以及

(二)对社会产生特别的危险或危害。

三、当本法第一百九十一条之一中所述的犯罪行为应判处十年或十年以上监禁时,该违法行为应被视为加重犯。

第一百九十二条 攻击基础设施

任何人通过破坏、毁损下列基础设施或使下列基础设施瘫痪而对公共行政

部门或整个社会造成广泛破坏的，处十年以下监禁：

（一）信息集合体；或者

（二）能源供应、广播、电子通信或运输设施。

第一百九十三条　共谋攻击基础设施

任何人与他人共谋实施本法第一百九十二条规定的犯罪行为的，处六年以下监禁。

第一百九十四条　破坏铁路或公共汽车服务的安全运行

任何人通过暴力、物质破坏、传播错误信息或其他手段破坏铁路或公共汽车服务的安全运行，从而造成生命危险或对人身、财产或环境造成严重损害的，处六年以下监禁。

第一百九十五条　亵渎尸体

一、任何人实施下列行为的，处罚金或二年以下监禁：

（一）亵渎尸体；

（二）未经授权将尸体从他人的监管下移走；或者

（三）未经授权擅自挖出或移走被埋的尸体。

二、任何人以营利为目的从尸体、坟墓或墓碑上移走尸体或物品的，无论该尸体或物品是否由他人占有，均应根据第二十七章予以处罚。

第一百九十六条　避免刑事犯罪的义务

一、任何人在仍有可能通过报告或任何其他方式避免犯罪或其后果发生的情况下，且犯罪似乎已经或极有可能发生时，未能通过报告或任何其他方式避免犯罪或其后果发生的，处罚金或一年以下监禁。无论是否有保密义务，避免义务均适用于下列条款中提及的罪行：

（一）本法第一百一十一条、第一百一十三条、第一百一十五条、第一百一十七条、第一百一十九条、第一百二十一条、第一百二十三条、第一百二十八条、第一百二十九条、第一百三十八条、第一百三十九条、第一百四十条、第一百四十一条、第一百四十二条、第一百四十三条、第一百四十四条、第一百九十二条、第一百九十三条、第一百九十四条、第二百二十三条、第二百三十八条、第二百三十九条、第二百五十五条、第二百五十六条、第二百五十九条、第二百七十四条、第二百七十五条、第二百七十九条、第二百八十二条、第二百八十三条、第二百八十八条、第二百九十一条、第二百九十五条、第二百九十九条、第三百一十二条、第三百一十四条、第三百二十七条、第三百二十九条、第三百五十五条和第三百五十七条；

（二）《军事刑法》第五十条、第五十二条或第九十六条；或者

（三）《安全法》第七条之五，另见第十一条之四。

二、在违反本法第三百一十二条或第三百一十四条的情况下，避免的义务仅适用于受害人不满十六周岁的情况。

三、在下列情形下，对违反避免义务的行为不予处罚：

（一）应避免的行为尚未达到应受处罚的程度，见本法第十六条；或者

（二）如果履行义务，其近亲属或无辜者会受到指控或起诉，或面临生命、健康或福利威胁。

第一百九十七条　未报告发现走失儿童的情况等

任何人在发现走失或被遗弃的儿童或接管走失儿童后，没有尽快通知儿童的监护人或警察的，处罚金或六个月以下监禁。

第一百九十八条　共谋实施严重的有组织犯罪

一、任何人与他人共谋实施可判处三年以下监禁的犯罪行为，并且该行为作为有组织犯罪集团活动的一部分的，处三年以下监禁，但该罪行应受更严厉处罚的除外。由于多次犯罪或同时犯罪而增加的最高刑罚不予考虑。

二、"有组织犯罪集团"是指三人或三人以上合作，其主要目的是实施可判处至少三年监禁的犯罪行为，或其活动的重要组成部分是实施此类犯罪。

第二十一章　信息和信息交换的保护

第二百零一条　非法处理身份信息验证、计算机程序等

任何人为实施犯罪行为而非法生产、获取、占有或向他人提供下列内容的，处罚金或一年以下监禁：

（一）可对计算机信息或计算机系统进行访问的密码或者其他信息；或者

（二）计算机程序或其他特别适合作为针对计算机信息或计算机系统实施犯罪行为的手段。任何人没有犯罪意图而基于非法生产或购买的目的而拥有可自我复制的计算机程序的，适用同样的处罚。

第二百零二条　身份侵犯

任何人非法获得他人的身份证明，或故意使用他人的身份或使用容易被误认为是他人的身份，意图达到下列目的的，处罚金或二年以下监禁：

（一）为自己或他人谋取非法利益；或者

（二）造成他人的损失或不便。

第二百零三条　非法获取电视信号等

一、任何人意图给被授权方造成损失或为自己或他人谋取利益而制造、进口、分销、销售、推销、出租或以其他方式传播、拥有、安装、使用、维护或更换解码装置，从而在未经授权的情况下为自己或他人获得受保护的通信服务的，处罚金或一年以下监禁。

二、对于违反第一款的加重犯罪行为，处罚金或三年以下监禁。在确定违法行为是否属于加重情形时，应特别考虑对被授权方造成的伤害、违法者所获的利益和违法行为的实施范围。

三、"解码装置"是指一种技术设备或计算机程序，其本身或与其他方式相结合，被设计或改装来提供对受保护通信服务的访问。

四、"受保护的通信服务"是指：

（一）应个别服务接受者的要求，在取得服务提供者的许可并收取费用的情况下，以电子方式传送的电视和无线电信号及服务；或者

（二）第一项中规定的服务的实际访问控制，此类控制必须被视为一项独立服务。

五、除非起诉符合公共利益，否则可以放弃对违反本条规定的行为的起诉，具体见《刑事诉讼法》第六十二条之一。当提供访问控制必须被视为一项独立服务时，任何提供访问控制的人也应被视为受害方。

第二百零四条 侵入计算机系统

任何人违反保护措施或以其他非法手段进入计算机系统或其一部分的，处罚金或二年以下监禁。

第二百零五条 侵犯私人通信权

任何人实施下列非法活动的，处罚金或二年以下监禁：

（一）利用技术手段，对他人之间的电话交谈、其他通信进行秘密监视、秘密录音，或对非亲自参加或非法进入的非公开会议的谈判进行秘密监视、秘密录音；

（二）违反保护措施或以其他方式非法获取通过电子或其他技术手段传输的信息；

（三）非法拆封他人的信件或其他密封的书面信息，或以其他方式非法获取其内容；或者

（四）以隐瞒、修改、歪曲、销毁、扣留等方式，阻碍或者拖延收件人接收信件。

第二百零六条 运行中断的危险

任何人通过非法转移、破坏、减少、修改、添加或删除信息，造成计算机系统运行中断或严重运行障碍风险的，处罚金或二年以下监禁。

第二百零七条　已废止

第二百零八条　已废止

第二百零九条　违反保密义务

一、任何人泄露其根据法律或条例负有保密义务的信息,或意图利用这些信息为自己或他人谋取非法利益的,处罚金或一年以下监禁。

二、第一款相应适用于违反在中央或地方政府机构服务或工作过程中适用指示的保密义务。

三、如果是为中央或地方政府机构工作或提供服务的人,在任职或工作结束后违反保密义务的,也适用第一款和第二款的规定。

四、同样的处罚也适用于重大过失的违法行为。

五、帮助行为不受刑事处罚。

第二百一十条　违反保密义务的加重犯

一、违反保密义务的加重犯的刑罚为三年以下监禁。

二、在确定违反保密义务的行为是否属于加重情形时,应特别考虑行为人是否有意谋取非法利益,以及该行为是否给他人造成损失或使他们面临损失风险。

第二百一十一条　违反特定职业的保密义务

挪威教会的任何神职人员、注册宗教团体的牧师或领导人、律师、刑事诉讼中的辩护律师、婚姻案件的调解员及其助手非法泄露向其或其上级领导透露的与其职位或任务有关的秘密的,处罚金或一年以下监禁。

第二十二章　虚假陈述和指控

第二百二十一条　虚假陈述

一、任何人以书面或口头方式向下列主体提供虚假信息的,处罚金或二年以下监禁:

(一)法院;

(二)公证员,见2002年4月26日第12号法案;

(三)有义务作证的公权力机关;

(四)提供陈述旨在作为证据的公权力机关;

(五)欧洲自由贸易联盟法院;或者

(六)国际刑事法院。

二、第一款规定的处罚,不适用于对其涉嫌犯罪事项作出虚假陈述的犯罪嫌疑人,也不适用于为了不使自己或其任何近亲属受到起诉或面临社会地位重大损失或其他重大福利损失的风险而作虚假陈述的人,除非该人有作证的义务。

第二百二十二条　虚假指控

任何人通过捏造证据或其他行为制造虚假的犯罪事实向法院、警察或其他公权力机关提供虚假信息,从而导致某人被指控或定罪的,处罚金或三年以下监禁。

第二百二十三条　虚假指控的加重犯

虚假指控的加重犯的刑罚为十年以下监禁。在确定行为是否属于加重情形时,应特别考虑下列因素:

(一)指控的后果或潜在后果;

(二)指控的性质和内容;以及

(三)其他违反法律的情况。

第二百二十四条　毫无根据的指控

任何人向法院、检察机关或其他公权力机关提供虚假信息,在没有合理怀疑理由的情况下控告他人犯罪的,处罚金或一年以下监禁。

第二百二十五条　指控虚构的犯罪行为

任何人实施下列行为的,处罚金或一年以下监禁:

(一)向法院、检察机关或其他公权力机关举报并未实施的犯罪行为;或者

(二)引起对实施犯罪的怀疑,但事实并非如此。

第二百二十六条　提供有关错误起诉或定罪信息的义务

一、任何人具有提供信息义务而不提供关于可能被起诉或被判处一年以上监禁犯罪的无罪信息的,处罚金或一年以下监禁。提供信息义务的适用不考虑保密义务。

二、行为人不提供使自己、近亲属或无辜者受到起诉或很可能严重丧失社会地位或其他重大福利的相关信息的,不适用于第一款规定的处罚。

第二十三章　公共卫生和外部环境保护

第二百三十一条　麻醉药品犯罪

一、任何人非法生产、进口、出口、获取、储存、发送、供应《药品法》第二十二条规定的麻醉药品的，处罚金或二年以下监禁。

二、任何人因过失实施麻醉药品犯罪的，处罚金或一年以下监禁。

第二百三十二条　麻醉药品犯罪的加重犯

一、麻醉药品犯罪的加重犯的刑罚为十年以下监禁。在确定是否属于加重情形时，应特别考虑下列因素：

（一）所涉及的物质类型；

（二）所涉及的物质数量；以及

（三）罪行的性质。

二、如罪行涉及物质数量巨大，处三年至十五年监禁。情节特别严重的，处二十年以下监禁。

三、任何人因过失实施麻醉药品犯罪的加重犯的，处六年以下监禁。

第二百三十三条　违反《酒精法》的加重犯

一、违反《酒精法》第二条之一、第三条之一、第三条之一之二、第八条之一、第八条之二和第八条之三的规定，涉及数额巨大的，处六年以下监禁。

二、对因过失实施违反《酒精法》的加重犯，处罚金或三年以下监禁。

第二百三十四条　兴奋剂犯罪

一、任何人非法生产、进口、出口、储存、发送或供应国王颁行的法令中规定的能够提高竞技能力的物质的，处罚金或二年以下监禁。

二、帮助使用第一款规定的提高竞技能力的物质的,依据第一款的规定处罚。

三、任何人因过失实施兴奋剂犯罪的,处罚金或一年以下监禁。

第二百三十五条 兴奋剂犯罪的加重犯

一、兴奋剂犯罪的加重犯的刑罚为六年以下监禁。在确定是否属于加重情形时,应特别考虑下列因素:

(一)涉及的物质类型;

(二)涉及的物质数量;以及

(三)罪行的性质。

二、任何人因过失实施兴奋剂犯罪的加重犯的,处罚金或三年以下监禁。

第二百三十六条 非法传播涉及严重暴力的电影、录像等

一、任何人因故意或重大过失出版、要约出售、出租或以其他方式传播以不恰当方式将严重暴力描述用于娱乐的电影、录像等的,处罚金或一年以下监禁。

二、任何人在公共放映中,包括在电视广播中或在挪威境内播放这种广播时使用严重暴力描述的,适用同样的处罚。但是,单纯参与与广播、传播有关的技术活动的,不承担刑事责任。

三、本条不适用于经挪威传播管理部门事先审查批准用于商业放映或销售的电影或录像。本条也不适用于下列情形下向十八周岁以上的人放映电影或录像:

(一)由一个非商业性的电影俱乐部提供放映;或者

(二)这种放映在非商业背景下进行,并且得到了当地警方的许可。

第二百三十七条 传播传染病

一、任何人传播传染病,对他人身体或健康造成严重伤害的,处罚金或三年以下监禁。任何人使他人面临这种感染风险,适用同样的处罚。

二、第一款不适用于被感染或面临感染风险的人事先同意下的性疾病传播的情况。

三、第一款也不适用于已经采取谨慎措施防范感染的情况。

四、任何人因重大过失实施本条规定的犯罪的,处罚金或一年以下监禁。

第二百三十七条之一　传播传染病的加重犯

传播传染病的加重犯的刑罚为六年以下监禁。在确定传播传染病是否属于加重情形时,应特别考虑感染是否严重到下列程度:

(一)已经导致生命损失;

(二)已经传染给两个或两个以上的人;或者

(三)通过特别残忍的行为传播。

第二百三十八条　传播危害公众健康的传染性物质

一、任何人通过空气、水、食品、饮料或其他供公众使用或销售的物品传播传染性物质或含有传染性物质的产品,从而对公众的生命或健康造成危害的,处十五年以下监禁。

二、任何人因过失传播危害公众健康的传染性物质的,处六年以下监禁。

第二百三十九条　投放危害公众健康的危险物质

一、任何人向食品或其他供公众使用或销售的物品添加毒药或具有类似效果的物质,或通过销售或以其他方式传播此类物品从而对公众的生命或健康造成普遍风险的,处十五年以下监禁。任何人以其他方式造成中毒并带来此类风险的,适用同样的处罚。

二、任何人因过失实施投放危害公众健康的危险物质行为的,处六年以下监禁。

第二百四十条　严重的环境犯罪

一、任何人因故意或重大过失实施下列行为的,处十五年以下监禁:

(一)污染空气、水或地面,使某一地区的生活环境受到严重损害或威胁;或者

(二)储存、丢弃或倾倒具有造成第一项中所述后果的明显风险的废物或其他物质。

二、任何人因故意或重大过失实施下列行为的,处六年以下监禁:

(一)使在国内或国际上面临灭绝威胁的受保护生物的自然种群减少;或者

(二)对根据《自然多样性法案》第五章通过的行政决定或《自然多样性法

案》第七十七条、《斯瓦尔巴群岛环境保护法》第三章、《扬马延岛法案》第二条、《布维岛、彼得一世岛和莫德女王地法案》第二条规定的旧保护性行政决定所保护的区域造成重大损害。

第二百四十一条　共谋实施传播传染性物质、投放危害公众健康的传染性物质或严重的环境犯罪

任何人与他人共谋实施本法第二百三十八条第一款、第二百三十九条第一款、第二百四十条第一款规定的犯罪行为的，处六年以下监禁。

第二百四十二条　文化遗产犯罪

一、任何人因故意或重大过失对具有特殊国家或国际意义的文化遗址或文化环境造成重大损害的，处六年以下监禁。

二、任何人在武装冲突中因故意或重大过失利用具有特殊国家或国际意义的文化遗址或文化环境支持军事行动，从而对文化遗址或文化环境造成损害危险的，处二年以下监禁。但是，如果采取这种行动是出于迫切的军事需要，则不予处罚。

第二十四章　个人自由与和平的保护

第二百五十一条　胁迫

一、任何人以犯罪行为或其他不法行为，或以此类行为相威胁，强迫他人执行、服从或不执行某一行为的，处罚金或二年以下监禁。

二、任何人以指控、举报犯罪行为或提出有害信息、诽谤指控相威胁，非法强迫他人执行、服从或不执行某一行为的，处罚金或一年以下监禁。

第二百五十二条　胁迫的加重犯

胁迫的加重犯的刑罚为六年以下监禁。在确定胁迫是否属于加重情形时，应特别考虑行为是否对无防卫能力的人实施，是否由多人共同实施以及是否具有虐待的特征。

第二百五十三条　强迫结婚

一、任何人以暴力、剥夺自由、不当压力、其他犯罪行为或不法行为强迫他人结婚的，处六年以下监禁。

二、任何人以欺骗或其他手段帮助他人前往居住地以外的国家，意图使其遭受第一款规定的强迫婚姻的，适用同样的处罚。

第二百五十四条　剥夺自由

任何人通过拘禁、绑架或其他手段非法剥夺他人自由的，处罚金或三年以下监禁。

第二百五十五条　剥夺自由的加重犯

剥夺自由的加重犯的刑罚为十年以下监禁。在确定剥夺自由的行为是否属于加重情形时，应特别考虑其持续时间、是否造成极端痛苦或死亡或是否对某人的身体或健康造成严重伤害。

第二百五十六条　共谋实施剥夺自由的加重犯

任何人与他人共谋实施本法第二百五十五条规定的犯罪行为的,处六年以下监禁。

第二百五十七条　人口贩运

一、任何人通过暴力、威胁、趁人之危或其他不正当行为强迫、剥削或欺骗他人从事下列行为的,处六年以下监禁:

(一)卖淫或其他性服务;

(二)劳动或服务,包括乞讨;

(三)在国外服兵役;或者

(四)同意切除某人的内脏器官。

二、任何人实施下列行为的,适用同样的处罚:

(一)为第一款所述的强迫、剥削或欺骗行为提供便利,包括实施取得、运送或接收行为;

(二)以其他方式促成强迫、剥削或欺骗行为;或者

(三)提供报酬或任何其他利益,以获得对被害人具有管理权限的人就强迫、剥削或欺骗行为的同意,或收受此类酬金或好处。

三、任何人对不满十八周岁的人实施第一款、第二款所述行为的,不论该行为是否涉及暴力、威胁、趁人之危或属于其他不当行为,都应受到处罚。任何人不知道被害人不满十八周岁这一事实,如果这种无知可归咎于其自身,则应受到处罚。

第二百五十八条　人口贩运的加重犯

人口贩运的加重犯的刑罚为十年以下监禁。在确定违法行为是否属于加重情形时,应特别考虑被害人是否不满十八周岁、是否使用了严重的暴力行为以及行为是否产生了巨大收益。任何人不知道被害人不满十八周岁这一事实,如果这种无知可归咎于其自身,则应受到处罚。

第二百五十九条　奴役

任何人奴役他人的,处二十一年以下监禁。任何人从事奴隶贸易、奴隶运

输或以奴隶贸易为目的的行为,适用同样的处罚。

第二百六十条　共谋从事奴役活动

任何人与他人共谋实施本法第二百五十九条规定的犯罪行为的,处十年以下监禁。

第二百六十一条　使未成年人脱离监护

一、任何人多次或情节严重地将未成年人从根据法律、协议或法院判决与其长期生活的人身边带走或扣留,或错误地将未成年人从根据《儿童福利法》负有监护责任的人身边带走的,处罚金或二年以下监禁。任何人将未成年人带出国境或将未成年人留在国外,从而非法剥夺根据法规、协议或法院决定负有监护责任的人的监护权的,适用同样的处罚。这也适用于根据《儿童福利法》第四条之八、第四条之十二、第四条之二十四或第四条之二十九第一款和第二款的规定发布的照料令、搬迁禁令或机构安置令,或根据《儿童福利法》第七条之十一向郡社会福利委员会申请的此类措施,或根据《儿童福利法》第四条之六第二款、第四条之九第一款、第四条之二十五第二款第二句或第四条之二十九第四款在紧急情况下发布的临时命令。

二、使未成年人脱离监护的加重犯的刑罚为六年以下监禁。在确定行为是否属于加重情形时,应特别考虑行为对儿童造成的压力。

第二百六十二条　违反《婚姻法》的行为

一、任何人已经结婚而再次结婚的,处罚金或一年以下的监禁。

二、任何人与不满十六周岁的人结婚的,处三年以下监禁。任何人不知道被害人不满十六周岁这一事实,如果这种无知可归咎于其自身,也可能受到处罚。如果配偶双方的年龄和发育程度大致相同,可以免除处罚。

第二百六十三条　威胁

任何人以言语或行为威胁他人从事犯罪行为的,在这种威胁可能造成严重恐惧的情况下,处罚金或一年以下监禁。

第二百六十四条　威胁的加重犯

威胁的加重犯的刑罚为三年以下监禁。在确定威胁行为是否属于加重情形时,应特别考虑威胁是否针对无防卫能力的人、威胁是否在没有挑衅的情况下作出或由多人共同作出，以及威胁的动机是否出于受害人的肤色、民族或种族、宗教或生活立场、同性恋倾向或身体残疾等因素。

第二百六十五条　对特定职业群体的特别保护

一、任何人使用威胁手段试图影响特定职业群体成员的职业活动的，处罚金或二年以下监禁。

二、“特定职业群体”是指：

（一）因医疗原因提供健康援助的卫生人员；

（二）铁路、地铁、有轨电车、公共汽车、飞机、出租车或渡轮等公共客运交通工具的运营人员；以及

（三）从事小学、初中或高中教育的人员。

三、任何人妨碍第二款规定的人员工作的，处罚金或六个月以下监禁。

四、任何人在第二款规定的人员工作期间以辱骂或其他严重冒犯性语言对其进行侮辱的，处罚金。

第二百六十六条　骚扰行为

任何人以令人恐惧、令人讨厌的行为或其他骚扰行为跟踪他人或以其他方式侵犯他人的安宁的，处罚金或二年以下监禁。

第二百六十六条之一　严重的跟踪

任何人反复威胁、跟随、监视、接触或以其他类似行为跟踪他人，引发他人恐惧或焦虑的，处四年以下监禁。

第二百六十七条　侵犯隐私

一、任何人通过公开传播的方式侵犯他人隐私的，处罚金或一年以下监禁。

二、第一款规定的刑罚不适用于仅通过提供技术援助或发行境内制作的杂志或期刊参与的人。本规定同样适用于广播。

三、如果公开隐私的行为是由受害人本人通过不正当行为挑起的，或者公开隐私是行为人因遭受隐私侵犯或人身攻击而实施报复的行为，则可以免除第一款规定的处罚。

第二百六十八条　未经许可进入或停留

一、任何人未经授权进入他人住宅或任何其他不能自由进出的地点，或未

经授权在此类地点停留的，处罚金或二年以下监禁。

二、任何人未经授权在他人土地上停留，经要求离开该地点仍不离开的，处罚金。

第二百六十九条　已废止

第二百七十条　已废止

第二十五章　暴力犯罪等

第二百七十一条　人身攻击

一、任何人实施暴力侵害他人或以其他方式实施人身攻击的，处罚金或一年以下监禁。

二、在下列情形下的人身攻击可免除处罚：

（一）因遭受人身攻击或身体伤害而实施反击；或者

（二）对之前的人身攻击、身体伤害或特别有挑衅性的言论实施反击。

第二百七十二条　人身攻击的加重犯

一、人身攻击的加重犯的刑罚为六年以下监禁。在确定人身攻击是否属于加重情形时，应特别考虑行为是否造成严重的疼痛、伤害或死亡，以及是否具有下列因素：

（一）无故发生并具有攻击的特征；

（二）对一个毫无防卫能力的人实施；

（三）有虐待的特征；

（四）由多人共同实施；

（五）受到受害人的肤色、民族或种族、宗教或生活立场、同性恋倾向或身体残疾等因素的影响；或者

（六）使用刀具或其他特别危险的工具。

二、本法第二百七十一条第二款相应适用。

第二百七十三条　身体伤害

任何人实施伤害他人身体或健康的行为，使他人身体失去知觉或造成他人

昏迷或类似情况的,处六年以下监禁。

第二百七十四条　身体伤害的加重犯

一、身体伤害的加重犯的刑罚为十年以下监禁。在确定身体伤害行为是否属于加重情形时,应特别考虑是否导致不可治愈的缺陷、伤害、疾病,在一定时间内丧失工作能力,剧烈疼痛,严重伤害或死亡,以及是否具有下列因素:

(一)无故发生并具有攻击的特征;

(二)对一个毫无防卫能力的人实施;

(三)有虐待的特征;

(四)由多人共同实施;

(五)受到受害人的肤色、民族或种族、宗教或生活立场、同性恋倾向或身体残疾等因素的影响;或者

(六)使用刀具或其他特别危险的工具。

二、任何人对他人的身体或健康造成严重伤害的,处十五年以下监禁。

第二百七十五条　杀人罪

任何人故意杀害他人的,处八年至二十一年监禁。

第二百七十六条　受害人的同意

一、本法第二百七十一条、第二百七十二条、第二百七十三条和第二百七十四条第一款规定的处罚不适用于行为对象同意的情况。

二、如果他人在其本人同意的情况下被杀害或其身体或健康受到严重伤害,对犯罪人的处罚可低于最低处罚或比本法第二百七十五条或第二百七十四条第二款规定的处罚更轻。

第二百七十七条　协助自杀和对他人的身体或健康造成严重伤害

一、任何人协助他人对其身体或健康造成严重伤害的,处十五年以下监禁;见本法第二百七十四条第二款。

二、任何人协助他人自杀的,处八年至二十一年监禁;见本法第二百七十五条。

三、在有特殊原因的情况下,根据第一款、第二款规定的处罚可低于最低处罚或比本法第二百七十四条第二款、第二百七十五条规定的处罚更轻。

四、只要没有造成死亡或对人的身体或健康造成严重伤害，则不予处罚。

第二百七十八条　安乐死

任何人以同情为由杀害身患绝症或濒临死亡的人的，可将刑罚定为低于最低刑罚或比本法第二百七十五条规定的刑罚更轻。

第二百七十九条　共谋杀人或对他人身体或健康造成严重伤害

任何人与他人共谋实施本法第二百七十四条第二款或第二百七十五条规定的犯罪行为的，处十年以下监禁。

第二百八十条　过失对他人身体或健康造成严重伤害

任何人因过失对他人的身体或健康造成严重伤害的，处三年以下监禁。

第二百八十一条　过失致人死亡

任何人因过失致他人死亡的，处六年以下监禁。

第二百八十二条　亲密关系中的虐待行为

一、任何人以威胁、暴力、剥夺自由或其他有辱人格的行为严重虐待或多次虐待下列人员的，处六年以下监禁：

（一）现任、前任的配偶或同居者；

（二）晚辈直系血亲，或现任、前任的配偶或同居者的晚辈直系血亲；

（三）长辈直系血亲；

（四）家庭成员；或者

（五）由其照顾的人。

二、行为人根据第一款第二项的规定被认定为有罪时，法院应考虑是否应根据本法第五十七条的规定实施禁止令。

第二百八十三条　亲密关系中的虐待行为的加重犯

亲密关系中的虐待行为的加重犯的刑罚为十五年以下监禁。在确定虐待行为是否属于加重情形时，应特别考虑其是否导致了严重人身伤害或死亡，以及是否具有下列因素：

（一）行为的持续时间；

（二）是否以特别痛苦的方式实施或导致严重痛苦；或者

（三）是否对一个毫无防卫能力的人实施。

第二百八十四条　生殖器切割

一、任何人对妇女生殖器实施手术，造成生殖器损伤或永久改变的，处六年以下监禁。恢复已经被切割的生殖器的行为适用同样的处罚。

二、同意并不能免除处罚。

三、日托中心、儿童福利机构、社会服务机构、保健和护理服务机构、学校、校前和课后照管服务机构和信仰团体的工人和雇员，如未能通过向警察报告或其他方式避免妇女生殖器被切割，处罚金或一年以下监禁。同样的处罚也适用于信仰团体的长老和宗教领袖。无论是否有保密义务，行为人均有避免这种情况发生的义务。如果没有实施切割生殖器的行为，也没有此种意图，则免除处罚。

第二百八十五条　生殖器切割的加重犯

一、生殖器切割的加重犯的刑罚为十五年以下监禁。

二、在确定切割生殖器的行为是否属于加重情形时，应特别考虑该行为是否导致了下列后果：

（一）造成受害人患病或在一定时间内丧失工作能力，见本法第二百七十四条；

（二）造成受害人无法治愈的缺陷、瑕疵或损伤；或者

（三）造成受害人死亡或对其身体或健康造成严重伤害。

第二百八十六条　针对特定职业群体的暴力行为

一、任何人试图通过使用暴力影响从事公共活动的特定职业群体成员的工作活动的，处罚金或三年以下监禁。

二、“特定职业群体”是指：

（一）因医疗原因提供健康援助的卫生人员；

（二）铁路、地铁、有轨电车、公共汽车、飞机、出租车或渡轮等公共客运工具的运营人员；以及

（三）从事小学、初中或高中教育的人员。

第二百八十七条　过失未履行协助义务

一、任何人未能履行下列义务的，处罚金或六个月以下监禁：

（一）尽力向明显有可能失去生命或身体或健康遭受严重伤害的人提供帮助；或者

（二）通过向警方报告或其他方式，尽力避免火灾、洪水、爆炸或类似事故对人的生命造成威胁或对他人的身体或健康造成严重伤害。

二、如果履行义务会使自己或其他人面临特定风险或损失，则不处罚违反第一款规定的负有协助义务的行为人。

第二百八十八条　在无助状态下的遗弃等

任何人遗弃生命、身体或健康处于危险情形下的无助状态的他人的，处三年以下监禁。对处于无助状态的人有照顾义务而不提供帮助的行为人，适用同样的处罚。

第二十六章　性　犯　罪

第二百九十一条　性侵犯

任何人实施下列行为的,处十年以下监禁:

(一)通过暴力或威胁手段获得性活动;

(二)与无意识或基于各种原因无法反抗的人发生性活动;或者

(三)通过暴力或威胁手段,迫使他人与另一人发生性活动,或迫使他人与自己发生相当于性活动的行为。

第二百九十二条　涉及性交等性侵犯的最低刑罚

如果本法第二百九十一条规定的性侵犯包括下列情形,处三年至十五年监禁:

(一)将阴茎插入阴道或肛门;

(二)将阴茎插入受害人口中;

(三)将物体插入阴道或肛门;或者

(四)为获得性活动造成本法第二百九十一条第二项中规定的状态。

第二百九十三条　性侵犯的加重犯

一、性侵犯的加重犯的刑罚为二十一年以下监禁。行为人之前曾因实施本法第二百九十一条、第二百九十四条或第二百九十九条规定的行为被定罪的,适用同样的处罚。

二、在确定性侵犯是否属于加重情形时,应特别考虑行为是否:

(一)由多人共同实施;

(二)以令人痛苦或反感的方式实施;或者

（三）造成受害人死亡或者对受害人的身体、健康造成严重伤害。根据本条规定，性病被视为对身体或健康造成严重伤害。

第二百九十四条　重大过失的性侵

重大过失行为造成性侵的，处六年以下监禁。如果存在本法第二百九十三条规定情形，处十年以下监禁。

第二百九十五条　滥用不平等权力关系等

一、任何人通过下列方式为自己或他人获得性活动，或使某人对自己实施相当于性活动的行为的，处六年以下监禁：

（一）滥用职位、依赖或信任关系；

（二）行为不属于本法第二百九十一条规定的情形，但利用了被害人的精神疾病或心理障碍；或者

（三）剥削处于特别脆弱生活状况的不满十八周岁的人。

二、任何人如在第一款第一项至第三项规定的情况下使两人或两人以上相互进行性活动，适用同样的处罚。

第二百九十六条　与机构内囚犯等的性活动

任何人有下列行为的，处六年以下监禁：

（一）与被关押在或被安置在受其控制的惩教机构或警方或儿童福利机构控制下的机构中的被监管人员发生性活动，且被害人处于行为人的监管和职务影响下；

（二）使第一项规定的人员中的一人或多人对自己进行相当于性活动的行为或相互进行性活动；或者

（三）为他人获得与第一项中的人员的性活动。

第二百九十七条　未经同意的性行为

任何人未经他人同意而与他人发生性行为的，处罚金或一年以下监禁。

第二百九十八条　公开或未经同意的性冒犯行为

任何人在下列场合以言语或行为表现出性冒犯或其他不雅行为的，处罚金或一年以下监禁：

（一）公共场所；

（二）在未经同意的人面前或针对未经同意的人实施。

第二百九十九条　对不满十四周岁的儿童实施性侵犯

任何人实施下列行为的，处十年以下监禁：

（一）与不满十四周岁的儿童发生性活动；

（二）使不满十四周岁的儿童对自己作出相当于性活动的行为；或者

（三）与不满十四周岁的儿童发生严重性行为。

第三百条　涉及与不满十四周岁的儿童性交等性侵犯的最低刑罚

如果本法第二百九十九条中规定的性侵犯涉及下列行为，对行为人处三年至十五年监禁：

（一）将阴茎插入阴道或肛门；

（二）将阴茎插入受害人口中；

（三）将物体插入阴道或肛门；或者

（四）将阴茎插入大阴唇和小阴唇之间。

第三百零一条　对不满十四周岁的儿童实施性侵犯的加重犯

一、对不满十四周岁的儿童实施性侵犯的加重犯的刑罚为二十一年以下监禁。如果犯罪人曾因本法第二百九十一条、第二百九十四条或第二百九十九条规定的行为被定罪，适用同样的处罚。

二、在确定性侵犯是否属于加重情形时，应特别考虑下列因素：

（一）行为是否由多人共同实施；

（二）行为是否采用令人痛苦或反感的方式实施；

（三）行为发生时受害人的年龄；

（四）行为是否涉及多次虐待；或者

（五）行为是否造成受害人死亡或对其身体或健康造成严重伤害。根据本条规定，性病被视为对身体或健康造成严重伤害。

第三百零二条　与十四周岁至十六周岁的儿童发生性活动

任何人与十四周岁至十六周岁的儿童发生性活动的，处六年以下监禁，但有其他规定的除外。任何人让十四周岁至十六周岁的儿童对自己作出相当于性活动的行为的，适用同样的处罚。

第三百零三条　对十四周岁至十六周岁的儿童实施性侵犯的加重犯

一、违反本法第三百零二条规定的行为的加重犯的刑罚为十五年以下监禁。如果犯罪人曾因第二百九十一条、第二百九十九条或第三百零二条规定的行为被定罪，适用同样的处罚。

二、在确定违反本法第三百零二条的行为是否属于加重情形时，应特别考虑行为是否：

（一）由多人共同实施；

（二）采用令人痛苦或反感的方式实施；或者

（三）造成受害人死亡或对其身体或健康造成严重伤害。根据本条规定，性病被视为对身体或健康造成严重伤害。

第三百零四条　与不满十六周岁的儿童发生性行为

任何人与不满十六周岁的儿童发生性行为的，处三年以下监禁，除非该行为属于本法第二百九十九条规定的范围。

第三百零五条　对不满十六周岁的儿童的性侵犯等行为

任何人实施下列行为的，处罚金或一年以下监禁：

（一）在不满十六周岁的儿童面前或针对不满十六周岁的儿童，通过言语或行为表现出性冒犯或其他不雅行为；

（二）强迫或诱导不满十六周岁的儿童实施性侵犯或其他不雅行为，行为构成更严重的犯罪除外。

第三百零六条　安排会面以实施性虐待

任何人安排与不满十六周岁的儿童会面，意图与该儿童实施本法第二百九十九条至第三百零四条、第三百零五条第二项或第三百一十一条第一款第一项规定的行为，且已到达会面地点或可以观察会面地点的地方的，处罚金或一年以下监禁。

第三百零七条　与儿童年龄有关的适当注意要求

就本法第二百九十九条至第三百零六条的规定而言，如果被指控人对年龄的无认识有责任，则对儿童正确年龄的无认识并不导致免除处罚。就本法第二百九十五条第一款第三项、第三百零九条和第三百一十条的规定而言，如果被指控人对年龄的无认识有责任，则对儿童的正确年龄无认识并不导致免除处罚。

第三百零八条　处罚的免除

对于本法第二百九十九条至第三百零四条、第三百零五条第二项中的非除外规定和第三百零六条规定的行为，如果涉案人在年龄和发育程度方面大致相同，则可免除处罚或将处罚定在本法第三百条规定的最低处罚以下。

第三百零九条　从未成年人处购买性服务

一、任何人有下列情形的，处罚金或二年以下监禁：

（一）通过提供资金或同意支付报酬的方式，为自己或他人获得与不满十八周岁的人的性活动或性行为；

（二）在他人提供资金或同意支付报酬的情况下，与不满十八周岁的人发生性活动或性行为；或者

（三）以第一项或第二项所述的方式使不满十八周岁的人对自己实施相当于性活动的行为。

二、如果性活动或性行为以特别令人反感的方式进行，并且该行为不构成更严重的犯罪，处三年以下监禁。

第三百一十条　参与针对儿童实施性虐待或色情行为的表演

任何人参与针对儿童的性虐待表演或色情表演的，处罚金或三年以下监禁。“儿童”是指不满十八周岁的人。

第三百一十一条　描述儿童性虐待或恋童行为

一、任何人实施下列行为的，处罚金或三年以下监禁：

（一）制作描述性侵犯、性虐儿童或恋童的物品；

（二）出版、提供、出售、向他人供应或以其他方式试图传播符合第一项规定的物品；

（三）获取、进口或拥有符合第一项规定的物品，或有意获取此类资料；

（四）将符合第一项规定的物品进行公开展示或安排公开表演或展览；或者

（五）出于商业制作目的，诱使不满十八周岁的人拍摄带有色情内容的动

态或静态图片。

二、在本条中,“儿童”是指不满十八周岁的人或看起来是不满十八周岁的人。

三、过失实施第一款所述行为的,处罚金或六个月以下监禁。同样的处罚也适用于在企业内因故意或过失没有阻止第一款所述行为的人及其上级领导。

四、对于拍摄和持有十六周岁至十八周岁之间的人的照片的行为,如果该人同意且两人的年龄和发育程度大致相同,可以免除处罚。

五、本条不适用于行为人主观上出于艺术、科学、传播等正当目的而实施的相关行为。也不适用于经挪威传播管理部门事先审查批准用于商业放映或销售的电影或录像。

第三百一十二条　乱伦

任何人与晚辈血亲发生性活动,或使其对自己作出相当于性活动的行为的,处六年以下监禁。亲生后代和领养后代被视为晚辈血亲。

第三百一十三条　兄弟姐妹乱伦

任何人与兄弟姐妹发生性活动,或使其对自己作出相当于性活动的行为的,处一年以下监禁。

第三百一十四条　其他亲密关系的人之间的性活动

任何人实施下列行为的,处六年以下监禁:

(一)与养子女、继子女或由其照顾或在其监管下的不满十八周岁的人发生性活动;或者

(二)使第一项所述人员对自己作出相当于性活动的行为。

第三百一十五条　控制和组织卖淫

一、任何人实施下列行为的,处罚金或六年以下监禁:

(一)诱骗他人卖淫;或者

(二)明知他人卖淫而故意将场所出租,或因重大过失实施出租行为。

二、任何人在公告中明确表示提供、安排或寻求卖淫的,处罚金或六个月以下监禁。

三、本条中的“卖淫”指行为人与他人发生性活动或对自己作出相当于性

活动的行为并获得报酬。

第三百一十六条　从成年人处购买性服务

一、任何人实施下列行为的，处罚金或六个月以下监禁，或二者并罚：

（一）通过提供资金或同意支付报酬，为自己或他人获得性活动或性行为；

（二）在他人提供资金或同意支付报酬的情况下，与其发生性活动或性行为；或者

（三）以第一项或第二项所述的方式使他人对自己作出相当于性活动的行为。

二、如果性活动或性行为以特别令人反感的方式进行，并且该行为不构成更严重的犯罪，处一年以下监禁。

第三百一十七条　色情作品

一、任何人实施下列行为的，处罚金或三年以下监禁：

（一）出版、销售或以任何其他方式传播色情作品；

（二）以传播为目的进口色情作品；

（三）向不满十八周岁的人提供色情作品；或者

（四）公开进行含有色情内容的演讲、表演或展览。

二、在本条中，“色情作品”是指令人反感或者其他有辱人格或有暴虐效果的性描写，包括涉及使用尸体、动物、暴力和强迫的性描写。出于艺术、科学、传播等正当目的的性描写不被视为色情作品。

三、任何人因过失实施本条第一款所述犯罪行为的，处罚金或六个月以下监禁。同样的处罚也适用于因故意或过失未能阻止在企业内发生第一款所述犯罪行为的企业所有者或其上级领导。

四、本条的规定不适用于经挪威传播管理部门事先审查批准用于商业放映或销售的电影或录像。

第三百一十八条　违禁展览

一、任何人出于商业目的，在下列场合以容易看到的方式展示明显的性特征图像，包括生殖器图像的，处罚金或六个月以下监禁：

（一）公共场所；

（二）容易从公共场所看到的地方；或者

（三）零售商店。

第三项中的零售商店不包括专卖店。

二、任何人因过失实施第一款所述犯罪行为的，处罚金。

三、如果店员、办事人员或其他员工的违法行为主要是由其与企业主的从属关系导致的，则店员、办事人员或其他员工不承担刑事责任。

第三百一十九条　考虑剥夺权利和禁止令的义务

根据本法第二百九十九条、第三百零二条、第三百零四条或第三百零五条的规定判定某人构成犯罪时，法院应考虑是否应根据本法第五十六条的规定剥夺其相关权利以及根据本法第五十七条的规定发布禁止令。

第三百二十条　诽谤的损害赔偿责任

一、根据《损害赔偿法》第三条之六第一款的规定，指控他人违反本章规定的人，如果是在下列情形下提出指控，不承担法律责任：

（一）在警方的报告中；

（二）自称自己是违法行为的受害人的人在与某倾诉对象的秘密谈话中提出的，该倾诉对象为了处理违法行为的后果自然会接受倾诉。

二、但是，如果指控人或自称受害人的人因重大过失而认定指控信息属实，可能要承担法律责任。

第二十七章　盗窃罪和类似的侵犯财产犯罪

第三百二十一条　盗窃

一、任何人为自己或他人谋取非法利益，通过出售、消费或其他方式侵占他人财产的，适用盗窃罪的刑罚。

二、构成盗窃罪的，处罚金或二年以下监禁。

第三百二十二条　盗窃的加重犯

盗窃的加重犯的刑罚为罚金或六年以下监禁。在确定盗窃是否属于加重情形时，应特别考虑下列因素：

（一）被盗物品的价值是否重大；

（二）行为人是否非法闯入住宅或度假屋；

（三）是否专门实施盗窃；或者

（四）出于其他原因而具有特别危险或危害社会的性质。

第三百二十三条　盗窃的轻犯

一、如果盗窃财产的价值微不足道，这表明盗窃行为的罪责较轻，则应对犯有盗窃罪的行为人处罚金。

二、在合法向公众开放的场所获取很少或没有经济价值的天然产物，如岩石、树枝、植物等的，不予处罚。

第三百二十四条　侵占

一、任何人为自己或他人谋取非法利益实施下列行为的，适用侵占罪的刑罚：

(一)出售、消费或以其他手段侵占自己占有但属于他人的动产或货币债权;或者

(二)非法处分为他人募捐或受他人委托管理的款项。

二、本条规定的刑罚不适用于本法第三百八十五条或第三百八十六条规定的行为。

三、构成侵占罪的,处罚金或二年以下监禁。

第三百二十五条　侵占的加重犯

侵占的加重犯的刑罚为六年以下监禁。在确定侵占是否属于加重情形时,应特别考虑下列因素:

(一)侵占物品的价值是否重大;

(二)侵占行为是否持续了相当长一段时间;

(三)是否通过违背对其职务、职位、任务的特别信任而实施;或者

(四)是否持有或制作虚假账目或会计凭证。

第三百二十六条　侵占的轻犯

如果侵占财产的价值微不足道,这表明侵占行为的罪责较轻,则应对犯有侵占罪的行为人处罚金。

第三百二十七条　抢劫

一、任何人为自己或他人谋取非法利益,对他人使用暴力,或致他人丧失自卫能力,或实施威胁造成他人对人身暴力的严重恐惧,并由此实施下列行为的,适用抢劫罪的刑罚:

(一)夺取他人财产;或者

(二)强迫他人采取行动,导致其或其代表的人遭受损失或有遭受损失的风险。

二、构成抢劫罪的,处六年以下监禁。

第三百二十八条　抢劫的加重犯

一、抢劫的加重犯的刑罚为十五年以下监禁。在确定抢劫是否属于加重情形时,应特别考虑下列因素:

(一)是否实施了严重暴力;

（二）是否使用武器或制造了特别危险的器具进行威胁；

（三）是否经过精心准备，是否对丧失自卫能力的人实施；或者

（四）抢劫数额是否巨大。

二、任何人实施抢劫的加重犯，导致他人死亡或身体或健康受到严重伤害，且对后果的发生具有过失或本可能认识到潜在后果的，处二十一年以下监禁。

第三百二十九条　共谋实施抢劫

任何人与他人共谋实施抢劫的，处罚金或三年以下监禁。

第三百三十条　敲诈勒索

一、任何人为自己或他人谋取非法利益，通过下列方式强迫他人以导致其或其代表的人遭受损失或具有遭受损失的风险的方式行事的，适用敲诈勒索罪的刑罚：

（一）除本法第三百二十七条第一款范围外的其他非法行为；或者

（二）不正当地威胁要向警方提出指控或报告犯罪，或提供不利信息。

二、构成敲诈勒索罪的，处罚金或三年以下监禁。

第三百三十一条　敲诈勒索的加重犯

敲诈勒索的加重犯的刑罚为六年以下监禁。在确定敲诈勒索是否属于加重情形时，应特别考虑下列因素：

（一）涉及的财产价值是否重大；

（二）敲诈是否经过了精心策划；

（三）是否对丧失自卫能力的人实施；

（四）是否给受害人带来了巨大的压力；

（五）是否持续了相当长一段时间；或者

（六）出于其他原因而具有特别危险或危害社会的性质。

第三百三十二条　接受犯罪收益

一、任何人为自己或他人接受或取得犯罪收益的，适用接受犯罪收益罪的刑罚。物品、债权或服务也属于犯罪收益。接受犯罪收益应受到处罚，即使由于实施犯罪的人不负刑事责任而无法对获得犯罪收益的行为本身进行处罚，见本法第二十条。

二、第一款不适用于从有义务提供正常生活费的人处获得收益以维持自己或他人正常生活的人，也不适用于收取收益作为正常消费品、公用设施物品或服务的正常报酬的人。

三、构成接受犯罪收益罪的，处罚金或二年以下监禁。

第三百三十三条　接受犯罪收益的加重犯

一、接受犯罪收益的加重犯的刑罚为六年以下监禁。在确定接受犯罪收益是否属于加重情形时，应特别考虑收益来源的行为类型、犯罪人获得的利益是否巨大，以及犯罪人是否经常接受犯罪收益。如果收到的收益来自麻醉药品犯罪，还应考虑与收益相关的物质的性质和数量。

二、如果收益来自抢劫的加重犯、人口贩运的加重犯或情节特别严重的麻醉药品加重犯，处十五年以下监禁。

第三百三十四条　接受犯罪收益的轻犯

任何人接受犯罪收益，如果因收益来源的行为、收益的规模或一般情况表明罪责较轻，处罚金。

第三百三十五条　过失接受犯罪收益

任何人因过失收受本法第三百三十二条和第三百三十三条中规定的犯罪收益的，处罚金或二年以下监禁。

第三百三十六条　共谋接受犯罪收益

任何人与他人共谋接受本法第三百三十二条规定的犯罪收益的，处罚金或二年以下监禁。

第三百三十七条　洗钱

一、任何人实施下列行为的，适用洗钱罪的刑罚：

（一）通过募集、储存、隐藏、运送、邮寄、转移、转换、处分、典当或投资等方式协助保护他人犯罪收益；或者

（二）通过转换或转移资产或以其他方法掩饰、隐瞒犯罪收益的地点或来源、控制者、流向或与之相关的权利。

二、物品、债权或服务也属于犯罪收益。

三、洗钱行为应受到处罚，即使由于实施犯罪的人不负刑事责任而无法对

获得犯罪收益的行为本身进行处罚,见本法第二十条。

四、构成洗钱罪的,处罚金或二年以下监禁。

第三百三十八条　洗钱的加重犯

一、洗钱的加重犯的刑罚为六年以下监禁。在确定洗钱罪是否属于加重情形时,应特别考虑收益来源的行为类型、洗钱者处理的收益是否具有重大的价值以及犯罪人是否经常从事洗钱。如果收到的收益来自麻醉药品犯罪,还应考虑与收益相关的物质的性质和数量。

二、如果收益来自抢劫的加重犯、人口贩运的加重犯或情节特别严重的麻醉药品加重犯,处十五年以下监禁。

第三百三十九条　洗钱的轻犯

任何人实施洗钱行为,如果因洗钱所处理的收益来源的行为、处理的收益的规模或一般情况表明罪责较轻,处罚金。

第三百四十条　过失洗钱

任何人因过失实施本法第三百三十七条和第三百三十八条规定的犯罪行为的,处罚金或二年以下监禁。

第三百四十一条　共谋洗钱

任何人与他人共谋实施本法第三百三十七条或第三百三十八条规定的犯罪行为的,处罚金或二年以下监禁。

第三百四十二条　未经授权使用机动车辆等

一、任何人未经授权非法使用或控制他人所有的机动车辆的,应受处罚。但是,属于拥有车辆使用权的人的家庭成员或为其服务的人不得因此类未经授权的使用而受处罚。

二、本条中的"机动车辆"是指由发动机提供动力的运载工具。

三、未经授权使用机动车辆的,处罚金或二年以下监禁。

四、未经授权使用发动机提供动力的船舶或航空器的,适用同样的处罚。

第三百四十三条　未经授权使用动产等

任何人未经授权使用或控制属于他人的动产,致使权利方遭受损失或不便的,处罚金。

第三百四十四条　未经授权使用动产的加重犯

任何人未经授权使用或控制属于他人的动产,从而为自己或他人获得重大收益或给权利方造成重大损失的,处罚金或二年以下监禁。

第三百四十五条　非法占有

任何人为自己或他人非法占有动产的,处罚金。

第三百四十六条　未经授权使用不动产等

一、任何人侵犯不动产所有权人或有权控制不动产的其他人的权利,使用或行使对不动产的控制权,致使权利人遭受损失或不便,或违反该权利人发出的明示禁止的,处罚金。

二、但是,第一款规定的处罚不适用于与权利人就使用或控制不动产达成协议的行为人。

第二十八章　破坏财产和对公众造成危险

第三百五十一条　破坏财产

一、任何人损坏、毁坏、浪费或使全部或部分属于他人的物品失去效用的，处罚金或一年以下监禁。

二、任何人未经授权，修改、增加、破坏、删除或隐藏他人所有的数据的，适用同样的处罚。

第三百五十二条　破坏财产的加重犯

一、破坏财产的加重犯的刑罚为罚金或六年以下监禁。在确定破坏财产是否属于加重情形时，应特别考虑下列因素：

（一）破坏行为的性质和目标，例如，针对目标是属于普通用途物品或装饰物，还是具有历史、民族或宗教价值的物品；

（二）破坏范围是否广泛；

（三）行为人的犯罪动机是否受到受害人的肤色、民族或种族、宗教或生活立场、同性恋倾向或身体残疾等因素的影响；以及

（四）是否在多个场合、由多人共同实施，或是否具有系统性或有组织性的特点。

二、破坏具有历史、民族或宗教等重要价值的物品，或对财产进行广泛破坏的行为，被认为是特别严重的破坏行为。破坏财产行为对人的身体或健康造成严重伤害或者造成此类风险的，也属于破坏财产的加重犯。破坏财产的加重犯的刑罚为十五年以下监禁。

三、第一款规定的破坏行为如出于重大过失，处罚金或一年以下监禁。第二款规定的破坏行为如出于重大过失，处罚金或三年以下监禁。

第三百五十三条　破坏财产的轻犯

一、破坏财产的轻犯的刑罚为罚金。在确定罪行是否轻微时，应特别考虑其性质和目标、损害的程度、造成的后果或犯罪人应当意识到可能造成的后果。

二、造成他人财物污损的，适用破坏财产的轻犯的处罚。

第三百五十四条　经济欺诈

任何人为自己或他人谋取非法利益，通过引起或加强误解，欺骗他人为或不为一定行为，造成他人经济损失的，处罚金或一年以下监禁。

第三百五十五条　危害公共安全

任何人造成火灾、水灾、爆炸、倒塌、海损、铁路事故、飞机事故或类似事故，容易造成人员伤亡的，处二年至二十年监禁。

第三百五十六条　过失危害公共安全

任何人因过失危害公共安全的，处罚金或三年以下监禁。

第三百五十七条　共谋危害公共安全

任何人与他人共谋实施本法第三百五十五条规定的危害公共安全罪的，处六年以下监禁。

第三百五十八条　妨碍预防危害公共安全或事故后果的处罚

任何人通过损坏或移除工具或以其他方式试图妨碍他人预防或避免本法第三百五十五条规定的事故或其后果的，处六年以下监禁。

第二十九章　对货币和特定文件的信赖保护

第三百六十一条　伪造文件

一、任何人实施下列行为的，处罚金或二年以下监禁：

（一）伪造或变造文件，或非法获得并意图使用伪造或变造的文件，或使其看起来是真实的和未经篡改的；

（二）非法使用第一项中规定的伪造、变造的文件，并使其看起来是真实的和未经篡改的；或者

（三）签发文件并错误地将对文件的证明价值具有重要地位的职位归于其自己，并使文件看起来是正确的。

二、本条中的“文件”是指与法律事项有关或适合作为法律事项证据的信息载体。

第三百六十二条　伪造文件的轻犯

伪造文件的轻犯的刑罚为罚金。在确定伪造文件行为是否属于情节轻微时，应特别考虑：

（一）所涉及的价值；

（二）是否对他人造成伤害或不便；

（三）在多大程度上是计划的结果。

第三百六十三条　销毁文件等

任何人非法销毁或隐匿文件或文件的一部分的，处罚金或二年以下监禁。

第三百六十四条　移动地标等

任何人非法实施下列行为的，处罚金或一年以下监禁：

（一）移除、移动或毁坏不动产或土地权利的边界标记；或者

（二）设置此类虚假标记。

第三百六十五条　用作证据的虚假陈述

一、任何人实施下列行为的，处罚金或二年以下监禁：

（一）在公共行政、司法行政的官方文件中，或在医疗诊断证明中，就作为证据使用的有关事项进行虚假陈述；

（二）将上述情况中的虚假陈述作为正确陈述进行使用；或者

（三）因故意或重大过失出具虚假文件，且该文件可作为获得与税收或关税有关利益的证据。

二、根据第一款第三项提起刑事诉讼或定罪的权利在十年后失效。

第三百六十六条　滥用身份证明

任何人明知或应当知道向他人提供的证书、护照或类似身份证明会被非法使用，仍向他人提供的，处罚金或六个月以下监禁。

第三百六十七条　伪造货币

一、任何人变造、伪造货币或以流通为目的进口、获取、接收此类货币的，处罚金或三年以下监禁。

二、任何人将伪造或变造的货币当作真币或未变造货币进行流通的，适用同样的处罚。过失造成此种流通的，处罚金或一年以下监禁。

第三百六十八条　伪造货币的加重犯

伪造货币的加重犯的刑罚为罚金或十年以下监禁。在确定伪造货币是否属于加重情形时，应特别考虑是否涉及巨大数额，以及是否系统性地实施该行为。

第三百六十九条　伪造货币的预备犯

任何人为准备伪造货币而生产或获取伪造货币的设备和其他物品的，处罚金或二年以下监禁。

第三百七十条　伪造文件的预备犯

任何人为准备伪造文件而制造、获取、进口、出口、供应、拥有或储存假印章、图章、标记以及其他用于伪造、变造的物品，或为此目的盗用真的印章、图章或标记的，处罚金或三年以下监禁。

第三十章　欺诈、税收欺诈和类似的金融犯罪

第三百七十一条　欺诈

任何人为自己或他人谋取非法利益而实施下列行为的，处罚金或二年以下监禁：

（一）非法引起、强化或者利用错误观念，从而欺骗他人为或不为一定行为，使他人遭受损失或有遭受损失的风险；或者

（二）利用错误或不完整的信息修改数据或计算机系统，非法使用他人的借记卡或信用卡，或以其他方式非法影响程序处理数据的正常结果，使他人遭受损失或有遭受损失的风险。

第三百七十二条　欺诈的加重犯

欺诈的加重犯的刑罚为六年以下监禁。在确定欺诈行为是否属于加重情形时，应特别考虑下列因素：

（一）是否造成了重大经济损失；

（二）是否造成了福利损失或危及他人生命健康；

（三）是否多次或长期实施；

（四）是否由多人共同实施或有组织、有系统地实施；

（五）是否声称拥有或滥用某一职位、职务或任务；

（六）是否持有或准备虚假账目或会计文件；或者

（七）是否误导公众或更广泛群体。

第三百七十三条　欺诈的轻犯

如果欺诈涉及的财产价值微不足道且其他情况也表明罪责较轻，处罚金。

第三百七十四条　重大过失的欺诈

因重大过失造成的欺诈,处罚金或一年以下监禁。如果重大过失欺诈被认为是本法第三百七十二条第二句中欺诈的加重犯,处二年以下监禁。

第三百七十五条　保险欺诈

一、任何人实施下列行为的,处罚金或二年以下监禁:

(一)在签订保险协议时,隐瞒保险公司有重要作用的信息或提供虚假信息,或对有重要作用的信息表现出重大过失;或者

(二)为了使自己或他人获得保险赔付,损害、毁坏被保险物或以其他方式造成保险事故。

二、任何人意图为自己或他人获得保险赔付而实施下列行为的,适用同样的处罚:

(一)谎称或使人认为发生了保险事件;

(二)提供与所受损害明显不符的报告,或以其他方式提供虚假或不完整的信息;或者

(三)对未投保、不存在或未受损物品申请赔付。

第三百七十六条　保险诈骗的加重犯

保险诈骗的加重犯的刑罚为六年以下监禁。在确定保险欺诈是否属于加重情形时,应特别考虑下列因素:

(一)是否造成了重大经济损失;

(二)是否危及他人生命健康;

(三)是否多次或长期实施;或者

(四)是否由多人共同实施或有计划、有组织地实施。

第三百七十七条　类似的欺诈行为

任何人在未提供姓名、地址的情况下擅自离开住宿场所、饭店、酒吧或其他服务场所且未按要求当场付款的,处罚金。如果行为属于本法第三百七十三条规定的范围,则不适用本条规定。

第三百七十八条　税收欺诈

任何人向公权力机关提供不正确或不完整的信息,或在当其明知或应该知

道可能获得税收优惠的情况下不提供必要信息的，处罚金或二年以下监禁。

第三百七十九条　税收欺诈的加重犯

一、税收欺诈的加重犯的刑罚为罚金或六年以下监禁。在确定税收欺诈行为是否属于加重情形时，应特别考虑下列因素：

（一）是否导致或可能导致逃税金额巨大；

（二）是否以在很大程度上难以被发现的方式实施；

（三）是否多次或长期实施；

（四）是否由多人共同实施或有计划、有组织地实施；

（五）是否通过滥用职务或信任关系实施；或者

（六）是否在商业经营中实施。

二、在确定税收欺诈是否属于加重情形时，可以将多项违法行为视为一个整体。

三、即使行为人没有认识到存在加重处罚因素，只要这种无知基于重大过失，本条也适用。

第三百八十条　重大过失的税收欺诈

任何人因重大过失向公权力机关提供虚假或者不完整的信息，或明知或应当知道可能获得税收利益而未提供必要信息的，处罚金或一年以下监禁。任何人因重大过失构成本法第三百七十九条第一款规定的税收欺诈的加重犯的，处六年以下监禁。

第三百八十一条　税收欺诈犯罪的追诉时效

本法第三百七十八条至第三百八十条规定的犯罪，追诉时效为十年。

第三百八十二条　误导和伪造公司信息

一、任何人受邀参与私人有限责任公司[①]、公众有限责任公司[②]或其他营利性公司的创立或扩张时，或在受邀接管此类公司的贷款时，提供对公司评估有重大影响的虚假或误导性信息的，处罚金或二年以下监禁。

---

① 指股份不公开交易的公司，即非公众公司。——译者注

② 指上市公司。——译者注

二、第一款规定的处罚也应适用于此类公司的管理人员或雇员，只要其提供了对公司评估有重大影响的虚假或误导性信息，或将此类信息提供给公司记录人员、债权人、公司任何机构或公权力机关。其他因受公司委派而熟悉公司事务的人员应遵守与本款第一句中管理人员和雇员相同的规定。

第三百八十三条　误导和伪造公司信息的加重犯

本法第三百八十二条规定的行为的加重犯的刑罚为六年以下监禁。在确定罪行是否属于加重情形时，应特别考虑下列因素：

（一）犯罪的规模；

（二）犯罪的后果；

（三）犯罪行为是否针对公众或更广泛群体；

（四）犯罪是否多次或长期实施；

（五）该罪行是否由多人共同实施或有组织、有系统地实施；

（六）行为人是否声称拥有或滥用职位、职务或任务；或者

（七）是否保留或编制虚假账目或虚假会计文件。

第三百八十四条　因重大过失误导或伪造公司信息

任何人因重大过失提供虚假或误导性的公司信息的，处罚金或一年以下监禁。如果重大过失构成本法第三百八十三条第二句中的加重犯，处二年以下监禁。

第三百八十五条　欺诈性的双重处分等

任何人因采取下列措施而给权利人造成损失或使其有遭受损失的风险的，处罚金或二年以下监禁：

（一）非法处分他人作为全部或部分赔偿或使用之对价而收到或已被承诺给予的财产；或者

（二）非法处分全部或部分赎回的债务票据。

第三百八十六条　违反担保权益

任何人对其所有或占有的他人拥有担保权益的资产采取未经授权的措施，从而给担保权人造成损失或使其有遭受损失的风险的，处罚金或二年以下监禁。

第三百八十七条　贪污贿赂

一、任何人实施下列行为的，处罚金或三年以下监禁：

（一）为自己或他人索取、接受或约定接受任何与担任职位、职务或执行任务有关的不正当好处；或者

（二）给予或提议给予他人与担任职位、职务或执行任务有关的不正当好处。

二、第一款中的“职位”“职务”“任务”还包括在国外的职位、职务或任务。

第三百八十八条　贪污贿赂的加重犯

贪污贿赂的加重犯的刑罚为十年以下监禁。在确定贪污贿赂行为是否属于加重情形时，应特别考虑下列因素：

（一）由公职人员或其他任何通过违反与其职位、职务或任务相关的特殊信任的人实施或对其实施；

（二）是否获得或可能获得巨大经济利益；

（三）是否存在财务或其他性质的严重损害风险；以及

（四）是否记录了虚假会计信息或编制了虚假会计文件或虚假年度账目。

第三百八十九条　影响力交易

一、任何人实施下列行为的，处罚金或三年以下监禁：

（一）为自己或他人索取、接受或约定接受不正当好处，以影响他人的职位、职务或任务的履行；或者

（二）给予或提议给予他人不正当好处，以影响他人职位、职务或任务的履行。

二、第一款中的“职位”“职务”“任务”还包括在国外的职务、职位或任务。

第三百九十条　违背金融信托

一、任何人为自己或他人谋取非法利益，损害其管理或监督的他人所有的利益的，处罚金或二年以下监禁。

二、实施本法第三百二十四条、第三百二十五条、第三百八十七条、第三百八十八条规定的行为的，不适用本条的规定。

第三百九十一条　违背金融信托的加重犯

一、实施违背金融信托行为的加重犯的，处六年以下监禁。

二、在确定违背金融信托行为是否属于加重情形时，应特别考虑本法第三百八十八条第二句中规定的加重处罚因素。

第三百九十二条　违反会计规定

任何人违反法律或依法律制定的规章中关于会计资料、年度决算、年度报告或保管决算的账簿和记录的规定的，处罚金或二年以下监禁。

第三百九十三条　违反会计规定的加重犯

违反会计规定的加重犯的刑罚为六年以下监禁。在确定违反会计规定是否属于加重情形时，应特别考虑下列因素：

（一）是否使用了虚假、误导性信息或错误文件；

（二）行为是否持续很长一段时间；

（三）行为是否违反了与其职位、职能相关的特殊信任；

（四）经济获益数额是否巨大；

（五）是否存在财务或其他性质的严重损害风险；或者

（六）行为是否加大了对企业审查的难度。

第三百九十四条　过失违反会计规定

因过失违反会计规定的，处罚金或一年以下监禁。

第三十一章　债权人的保护

第四百零一条　不当的金融运作

债务人因故意或重大过失,通过下列行为给其债权人造成重大损失的,处罚金或二年以下监禁:

(一)赌博或其他风险活动;

(二)其他不负责任的行为;

(三)过度消费;或者

(四)严重不当的商业行为。

第四百零二条　对债权人的优待

债务人已经或即将破产或面临破产的实际风险时,因故意或重大过失向债权人进行清偿或担保,从而严重损害其他债权人的预期收益的,处罚金或二年以下监禁。

第四百零三条　在单独的债务追偿程序中阻碍债权人追偿

债务人在强制执行程序或临时禁令期间,因故意或重大过失实施了可能阻止资产向一个或多个债权人进行清偿的行为的,处罚金或二年以下监禁。

第四百零四条　面临破产风险时的资产损耗

一、债务人有下列不当行为的,处罚金或二年以下监禁:

(一)可能阻止资产向一个或多个债权人进行清偿;以及

(二)导致债务人破产、即将破产或面临破产的实际风险。

二、如果债务人因故意或重大过失违反法规或条例中的会计规定,即使根据第一款第二项无法确定是否属于破产的情形,也不得免除处罚。

第四百零五条　资产损耗的加重犯

资产损耗的加重犯的刑罚为罚金或六年以下监禁。在确定资产损耗行为是否属于加重情形时,应特别考虑是否严重损害债权人获得预期收益,是否是有计划地实施,以及涉及的数额是否巨大。

第四百零六条　在破产等情况下因重大过失造成资产损耗

因重大过失造成资产损耗的,处罚金或二年以下监禁。

第四百零七条　未申请债务清偿程序或破产

一、在下列情形下,对于因故意或重大过失而未根据《破产法》申请破产或启动债务清偿程序的无力偿债的债务人,处罚金或二年以下监禁:

(一)这种程序的缺失导致资产处置或扣押行为不能取消,从而严重损害债权人的预期收益;或者

(二)债务人的业务已明显亏损,且债务人应当意识到其无法在合理的时间内向债权人清偿。

二、但是,如果债务人与在债务总额和人数上都占很大比例的债权人达成协议,则未申请破产或债务清偿程序的行为不予处罚。

第四百零八条　共同债务追偿期间的资产损耗

在依法进行的破产或债务清偿程序中,如果债务人有下列行为,处罚金或二年以下监禁:

(一)其行为可能损害债权人利益或阻止向债权人偿付;或者

(二)虚假陈述或承认任何债务。

第四百零九条　共同债务追偿期间资产损耗的加重犯

一、共同债务追偿期间资产损耗的加重犯的刑罚为罚金或六年以下监禁。在确定共同债务追偿期间资产损耗行为是否属于加重情形时,应特别考虑其是否严重损害债权人获得预期收益。

二、因重大过失犯本罪的,处罚金或二年以下监禁。

第四百一十条　债务人以外的刑事责任主体;帮助

一、任何人为债务人的利益或者代表债务人实施本法第四百零一条至第四

百零九条规定的犯罪行为的,依照各条的规定处罚。

二、债权人接受或要求债务人清偿时,对违反本章规定有帮助行为的,只有在债权人使用不正当手段实现清偿的情况下才受处罚。

第三编

最后条款

第四百一十一条　生效

一、本法自2015年10月1日起生效。1902年5月22日第10号刑法典于同日废止。根据1902年刑法典发布的法令在本法生效后继续适用。

二、第十六章自国王决定之日(2008年3月7日)起生效。自第十六章生效之日起,本法第一编适用于第十六章。1902年刑法典的刑法总则部分不适用于第十六章。自第十六章生效之日起,相关法案进行修正。

第四百一十二条　已废止